＼最強効率仕事術／

公務員の速効ライフハック

佐久間 智之
TOMOYUKI SAKUMA

学陽書房

はじめに

2002年4月。バンドでプロミュージシャンを目指していた夢を諦め、2年間の公務員受験の専門学校での学びを経て、地方公務員として新しい人生の幕が開けました。

バンドと公務員。相対するものだからこそ、新しい視点でチャレンジができるのではないか。そんな期待を胸に公務員生活が始まりました。スタートは税務課。固定資産税の家屋担当でした。当時、新人・若手職員は11時45分になると、課全員分のお茶を淹れ、お昼を迎えることが全庁的なしきたりでした。税務課は職員数が多く、窓口業務もあるなかでこの慣習は非常に負担でした。

次に配属されたのは健康増進課の介護保険担当。驚いたことに、お茶くみは女性職員が行う慣習でした。

「これはおかしい」と、当時の課長に「窓口業務や事務仕事をしているなかで、15

分はとても貴重です。これからは、お茶を飲みたい人は自分で淹れるように改善していただけないでしょうか」と直談判しました。すぐに納得していただいてお茶くみはなくなり、今では全庁的にお茶を淹れる慣習は皆無です。

無駄なことはしない、時間をしっかりコントロールする――。役所では、当たり前のことが意外とできていないことが多いのです。慣習的になってしまうと、前任者や内部を否定するイメージもあり、「おかしいな」と思ってもスルーしてしまうことが一つの要因です。

「おかしい」に気が付くには、先の私の体験のように配属・異動直後がとても重要です。お役所の凝り固まった固定観念がないため、ピュアな気持ちで仕事を見ることができるのです。

また、仕事以外の人生を充実させることも大切です。三芳町の男性事務職員として初めて育児休暇を3か月取得しました。妻の身体的、精神的サポートを主な目的として取得しましたが、思わぬ恩恵がありました。仕事への取り組み方、意識が劇的に変わったのです。

時間は無限ではなく有限だということ、愛する家族が一番大切で、一緒にいる時間をつくるためには、ワーク・ライフ・バランスではなく仕事より家族や自分の人生を優先する「ライフ・ワーク・バランス」が大切なんだという意識を、育児休暇を取ることで持つことができるようになりました。

一方、入庁時に比べると職員数は減り、一人ひとりの業務量が増え続けています。しかし、介護保険の時も、現職の広報でもほぼ残業はしていません。それはなぜか。

そのヒントとなるべく、約20年間の公務員生活で培った窓口対応、定時に帰れる時間のマネジメントなど、効率的な仕事のちょっとしたコツ（つまり、ライフハック）をこの本にギュッと詰め込みました。本書が皆さんのお役に立てることを願っています。

佐久間　智之

CONTENTS

PART 1 残業が減る 仕事の時短整理術

PART 2

クレームが減る 住民目線の対応術

PART 3

ミスが減る マインド習慣術

PART 4

やり直しが減る 仕事のダンドリ術

PART 5

ストレスが減る コミュニケーション術

PART 6

無駄な慣習が減る たのしごと術

PART 1

＼ 残業が減る ／

仕事の時短整理術

PART-1
01

なぜ残業が減らないのか？

職員数の減少は理由の1つに過ぎない

これからAI（人工知能）の進歩によって、今まで以上に職員数が減らされていくことは避けられません。しかし、事業は増える一方で、一人ひとりの仕事量は確実に増えています。この苦しい状況は、残念ながら職員の力では変わりません。

ただ、そもそもなぜAIを導入するのかというと、仕事を効率化し業務改善を図るためです。つまり、**公務員の残業時間が減らない理由は、職員数の問題だけではなく公務員の働き方自体**にあります。これからの公務員はこうした時代に合わせ、臨機応変に働き方を変えていくことが求められているのです。

旧態依然&前例踏襲の仕事をしていると、「確定申告の時期は残業するのは当たり前」「固定資産税の評価替えの年は大変だから定時に帰れない」などの固定観念から離れられず、残業することを肯定し、定時で帰れないことへの罪悪感が失われがちです。

なぜ残業は悪いことなのか？

では、残業することがなぜ悪いのでしょうか。

その理由は、**残業代は税金だから**です。収税担当が必死に滞納整理で徴収した税金を、当たり前のように支出することに罪悪感はありませんか。私は1時間でも残業したら、申し訳ない気持ちで一杯になります。

まず、コストパフォーマンスを意識した仕事の取り組み方を考えていくことが、残業を減らす第一歩です。

POINT

残業代は税金という前提で仕事する

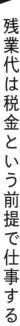

PART-1
02

仕方がない無駄はない

無駄の原因を把握する

波風を立てないように仕事をすることが、公務員の美徳だというような風潮があります。美徳かどうかは置いておくとして、その考えには大いに共感できるところはあります。なぜなら、一生懸命やってもやらなくても、原則給料は変わらないからです。

ただし、一生懸命仕事をしている人を、目の上のたんこぶのように思い、目くじらを立てる人には共感できません。「無駄仕事」の原因の1つは、ここにあります。

適当に仕事をしている人は、クレームやミスを「仕方がない」と思いがちです。そのため、何度もやり直しになったり、余計なストレスを抱えたりといった悪循環に陥ります。しかし、そうした状況を改善する（≒波風を立てる）こともなく、面倒な仕事はしたくないから適当に仕事をするという、悪しき慣習が蔓延してしまうのです。

残業、クレーム、ミス、やり直し、ストレス、慣習……

つまり、適当に仕事をすることが、結果として無駄な仕事……つまり残業、クレーム、ミス、やり直し、ストレス、慣習に繋がってしまうのです。一番楽な、前例踏襲だけで仕事をするということは、後退はしませんが、前進もしません。例えば、ペーパーレス化が進むなか、予算書を何百枚も印刷することは、まさに前例踏襲の無駄な仕事の代表格ではないでしょうか。

「昔からこうやっているから」という考え方ばかりの職員の自治体は淘汰されるでしょう。現状の課題を解決するトレンドの手段を考えることが、改善につながります。

POINT

前例踏襲の仕事は無駄が多い

PART-1
03

定時に帰るデート思考

定時帰宅はできないのではなく「する気がない」

「税金の無駄」とは言いましたが、私はその使命感だけでノー残業を実践しているわけではありません。家に帰って、子どもたちと遊ぶのが楽しみだから（**ドラクエをやりたいから**）、帰っているのです。

ダラダラとなんとなく仕事をしていたり、残業代をもらわなければ残っていてもいいと思う人が、残念ながら公務員の中には多くいます。しかし、その人たちでも、歓送迎会など予定があれば、残業せずに定時で帰れるのです。また、その日待ちに待った大好きな人とのデートがあったとしたら、是が非でも頑張って定時で帰れるように考えるはずです。

これを**デート思考**といいます。

デートがあれば、定時で帰れるように仕事を終わらせたり、次の日に回せるものは回したりと、知らず知らずのうちに効率の良いタスクマネジメントをしているのです。

毎日デートがあると思えば帰れるはず

つまり、毎日歓送迎会やデートがあると考えれば、毎日定時で帰れるのです。上司が残っていると帰りにくいものですが、もしその日、待ちに待ったデートがあっても、**果たして気を使って一緒に残るでしょうか**。

まず、目標を定時に帰ることに設定します。これをしないと、ダラダラと残り、残業ありきで仕事をしてしまいがちになります。

POINT

帰ろうと思えば意外と帰れる

PART-1
04

エネルギー8：2の法則

大事な仕事は8割、残りは2割のプラン

職員数が減る一方で住民ニーズが多様化し、業務量が増えているのは前述した通りです。これにより、公務員であっても、民間と同じようなスピード感が仕事に求められています。しかし、業務や事業をなくすことは困難です。そこで次のような考え方で仕事を整理してみましょう。

①抱えている仕事がいくつあるのか考える
②優先順位をつける
③それぞれに必要な時間を考える

④一番やらなければならない仕事に8割のエネルギーを注ぐと考える
⑤残りの2割で他の仕事をするプランを立てる

つまり、やるべきことは何かを明確化し、**どこに重点的に注力していくのかを基準に、スケジュールを組み立てていく**のです。

どこに注力するか考える

一番やらなければならない仕事に8割のエネルギーを注力して終わらせてしまえば、**8割の仕事が終わった**といえます。一番やるべきことを終わらせることができれば、残りの2割の仕事のスピードもあがります。

これを循環させていくことで、全体のスピードがあがるという仕組みです。すべての仕事を全力でこなすのではなく、メリハリをつける癖をつけましょう。

POINT

仕事ごとに優先順位とメリハリをつける

PART-1
05

「できる人」観察&カスタマイズ

できる人を観察する

定時にパッと帰ったり、苦情の処理が上手だったり、「できる人」が身近な職場に必ずいると思います。しかし、できる人に限って「大したことしてないよ」と言って、仕事ができる秘訣を具体的に教えてくれません。

これはもちろん、いじわるなのではなく、仕事ができる人は自然にそれができているため、その秘訣に本人は気が付いていないことが多いのです。

そこで、**できる人をよく観察します**。私がこの人できるなと思う人は、窓口や電話応対、上司や議員の対応などに長けている、**人との接し方が巧みな人がほとんど**でした。挨拶の仕方や、会話の組み立て方、言葉の使い方、声のトーンなど、本人は無意識に行っていることが、誰よりもしっかりとしていることに気が付きました。

学びをカスタマイズする

私の場合は年配者の対応に苦手意識を持っていました。そこでとても丁寧にゆっくり話して年配者からの理解を得ている先輩を見習って、自分も見よう見まねで対応し、克服したことがあります。

仕事のできる人をよく観察し、**自分に合ったものを取り入れながら自分なりにカスタマイズ**していくことで、仕事の幅が広がり、自分を成長させることができます。

POINT

できる人の行動を盗んでカスタマイズ

PART-1
06

定時帰宅のタスクマネジメント

すべてオンスケジュール

定時帰宅するには、1つひとつのタスク（仕事）にどれくらい時間がかかるかを考え、それを終わらせるべき日に合わせて配分する「タスクマネジメント」が必要です。

ポイントは、余裕のある時間配分と、1つのタスクに費やす時間を決めたらそれを順守することです。定時退庁するには、1日に仕事に費やせる時間は8時間ですが、その間に窓口や問い合わせ対応が発生することも勘案して**1日5時間程度でスケジュール**を組み立てましょう。

例えば、3つの仕事のデッドラインが同時に迫っている場合。

POINT

詰め込みすぎないスケジュールを

① タスク時間を考える

タスク名・〆切日	所要時間
助成事業処理 10日後まで	8h
期別更生処理 7日後まで	5h
介護給付処理 3日後まで	3h

② 4日ですべて終わるようにタスクマネジメント

タスク名・必要な日数・浮いた日数	一日にかける時間
助成事業処理 4日で終わる　▲6日	2h
期別更生処理 3.5日で終わる　▲3.5日	1.5h
介護給付処理 2日で終わる　▲1日	1.5h

1日計5時間で〆切日通りに終わる計算に。
余った時間は窓口・電話応対などに充てられる

まずは抱えている仕事とその〆切をすべて書き出し、1つずつのタスクにかかる時間を考えていきます。

次に、一番デッドライン日が近いタスクをメインに考えつつ、各タスクを1日5時間以内で割りふるイメージで組み立てていきます。

漫然と仕事をするのではなく、マネジメント思考を働かせることが大切です。

PART-1
07

自分PDCA習慣

公務員と民間はスピード感が違う

私が民間に出向して痛感した行政との違いは、スピード感です。行政組織の構造上、仕方ない部分もありますが、実は**「PDCAサイクルの徹底」**でかなり改善できます。

PDCAサイクルとは、Plan（計画）・Do（実行）・Check（評価）・Action（改善）の4つを回し、業務を行うことです。仕事をブラッシュアップするミッション＝目的のため行政でも欠かせない考え方で、当然役所でも実施されています。

例えば講座の開催なら、日時・場所・内容・周知方法・評価基準等を考え（計画）、実際に講座を行い（実行）、集客率や満足度を調査し（評価）、改善点を洗い、修正してまた実行します（改善）。民間と行政では、このサイクル徹底の度合いが異なり、行政は特にＰＤＣＡのいずれかの割合が偏りがちなため、スピードが出ないようです。

自分ＰＤＣＡを実践しよう

ただ、いきなり職場で一人、ＰＤＣＡを徹底するのは、周りとの兼ね合いもあり難しいので、まずは**「定時帰宅」を目的に据え、ＰＤＣＡを習慣化**してみましょう。

朝、前項で紹介したタスクマネジメント方式でスケジュールを立て（計画）、実際にこなし（実行）、予定通り仕事を終わらせて定時帰宅できたか（評価）、ダメだったらその原因は、仕事の時間配分が誤っていたのか、職員間の調整を失敗したのかなど分析し、翌日も定時帰宅に挑戦し、毎日安定して定時帰宅できるようにする（改善）。

このように、自分ＰＤＣＡを実践し、職場に還元していきましょう。

POINT

千里の道も一歩から、組織のＰＤＣＡは個人から

PART-1
08

定時帰宅も5分前行動

なんとなくの残業の原因は「パソコン」？

早く帰れるはずなんだけれど、ずるずる仕事してなぜか職場に居残ってしまう。その原因は、もしかしたら**単純に「パソコンの電源が点いているから」**かもしれません。

私は、終業5分前にパソコンの電源を切ってしまいます。先ほど紹介したタスクマネジメントの方法で、終業前の5分間は、書類の確認や次の日の仕事のリマインドなど、アナログ作業に充てるよう計算しています。

「残業しない」という目的を、意識するだけではなかなか達成できません。まずは形から、定時以降は物理的に仕事ができないという状況をつくり出せば、あなたの仕事ぶりはおのずと変わってくるはずです。

定時帰宅と人間関係

もちろん、公務員の仕事はチームで成り立っているので、**チーム全体で納期を守る必要**もあります。自分の業務が終わっても、上司やチームメンバーに頼られたら、それも仕事の内ですから、誰のせいというわけではなく残業する必要も出てきます。

ただし、中には暇だから残っておしゃべりしているような人や、残業代目当てでわざとのろのろと作業をしている人もいます。これらの人は無視して帰っていいですが、この人たちに限って、定時帰宅5分前行動にケチをつけてくる場合があります。

こうした場合は仕方ないので、そういう人なんだと割り切って批判を受け流しましょう。そのうち、この人たちもあなたを「そういう人だ」と割り切ってくれます。

POINT

自分が定時帰宅するための環境をつくる

PART-1
09

「日にち」ファイル名」で徹底整理

最新のものかどうかを把握できる

何事も、前例を確認することは大事です。企画書をまるまるすべて前例踏襲というのはいただけませんが、簡単な資料やルーチンの書類などは、前年のファイルを下地にして作成する方が時短になります。ただそうした場合に、日にちが入っていないファイルばかりだと、どれが参照すべきデータかわからなくなってしまいます。

例えば「○○○について」という起案書だった場合。してしまいがちなのは、「○○○（新）」「○○○起案（旧）」などです。これでは、パッと見で参照すべきものがわからず、いちいちデータを開いて確認して……と、とても非効率です。

そこで、**ファイル名の頭に作成日を入れます。**資料が格段に見つけやすくなります。

並び替えで見やすくできる

右の場合、ファイル名を「20190702_○○○○」とすると、いつ作成したのか一目瞭然で、踏襲すべきファイルがすぐ判別できます（ちなみに「_」は「Shift＋ろ」で入力できます）。「_」を入れることで、西暦＋月日の8桁が明白になり、並べ替えやすくなります。

また、この工夫で、**ファイル名からデータを時系列順に並べる**ことができます。こうすることで、翌年担当となった人でも、事務処理の流れがわかりやすくなります。日にちは作成日でも起案日でも構いません。自分だけでなく、周囲や将来業務に携わる人が見てわかりやすい方の日にちで、統一するとよいでしょう。

POINT

ファイル名で仕事の時系列を整理する

PART-1
10

フォルダは優先順位で整理

フォルダは少なくシンプルに

わかりやすいようにフォルダ分けしたつもりが、フォルダが多すぎて、結局1つのファイルにたどり着くまでに時間がかかってしまう、そんなことはありませんか。フォルダを増やしすぎると、わかりやすいどころか迷路のように入り組んで、引継などの際の情報伝達スピードも下がってしまいます。

また、公務員は異動が頻繁なので、いつでも業務を引き継げるように仕事もデータも整理しておかなくてはなりません。なので、自分だけがわかればいいということはなく、誰もがわかりやすく単純で探しやすいフォルダ分けをすることが大切です。

オススメは、**フォルダ分けを「事業名」＋「西暦（和暦）名」で統一**することです。西暦にするか和暦にするかは、課内で統一して決めておくとわかりやすいです。

これ以外のフォルダ作りは、基本的に不要です。前項の通りファイルをパッと見でわかりやすく時系列順にしておけば、ファイルの数がいくらあっても大丈夫です。

「00＿」「01＿」で優先順位をつける

時系列順でなく、仕事の優先度でフォルダやファイルを整理したいなら、仕事の優先度が高いもの順に、**頭に番号と「＿（アンダーバー）」を入れましょう**。これだけで、画面上で仕事の優先度が高いものから表示され、データを探す手間がなくなります。

この場合も気を付けるのは、フォルダの多さ。最低でもファイル名が10を越えてから新しいフォルダを作るなど、フォルダを作りすぎない基準を設けましょう。

POINT

フォルダ分けは少なくシンプルな構造で

PART-1
11

ショートカットで効率UP

パソコン操作を速めるショートカット

文書法規や通知書づくりをする部署はＷｏｒｄ、税務課や会計ではＥｘｃｅｌといった形で、どの部署に異動しても必ずＯｆｆｉｃｅ系のソフトを使います。同じ作業をする機会も多いので、少しでも操作を素速くさせることが、業務改善の第一歩と言えます。

例えば文章をコピーする時に、マウスで右クリックをして、コピー先を選択して、また右クリックをして貼り付け、という動作をいわゆる「コピペ」のショートカットキーで行えば一瞬で終わります。

POINT

ショートカットキーを当たり前に使う

ショートカットキーを知るのは効率的な公務員の仕事術の第一歩です。

公務員として知っていると便利なショートカットキー

操作方法	動作
Ctrl＋C	コピー
Ctrl＋V	貼り付け
Ctrl＋A	すべて選択
Ctrl＋S	ファイルを保存
Ctrl＋Z	元に戻す
Ctrl＋X	コピーして切り取り
Ctrl＋P	印刷
Ctrl＋F	文書内テキスト検索
Ctrl＋N	新規文書作成
Windows＋D	デスクトップを表示
Windows＋M	すべてのウィンドウを最小化

PART-1
12

文書づくりはメリハリづくり

文字の太さとサイズに緩急をつける

お知らせ通知や内部文書など、公務員としての業務の中で文書を作る機会はどの部署に行っても必ずあります。文書がストレスなくパッと伝わるものであれば、余計な説明をしなくてよいので、業務改善に繋がるといっても過言ではありません。

文書作成で大切なことはズバリ「メリハリ」です。見出しは太く大きな文字にし、コンテンツごとに本文よりも大きく太くすることで紙面に緩急をつけることで、見やすく読みやすい文書に生まれ変わります。しかし、文字を斜めにするなどの変化は、読みにくくなるので文字の形を変えるのはやめましょう。

POINT

見出しと本文がパッとわかるメリハリをつける

Before

体育大会　必勝㊙大作戦!?

これをマスターすればOK! 走り方の基本

リレー競技

チームでどうしたらタイムロスをしないか

- 本文10.5ptに対してほぼ同じサイズと太さ
- 斜めの文字が読みにくい

After

体育大会　必勝㊙大作戦!?

これをマスターすればOK! 走り方の基本

リレー競技

チームでどうしたらタイムロスをしないか

- 本文10.5ptに対して28pt〜16ptで緩急
- 文字は変形させず、太さとサイズのみ変える

COLUMN 1

公務員のムダあるある①　LGWANで開けない

国や県、他の市町村からLGWAN経由で「こんな事業を行っているので、このサイトをご覧ください」と長いURLを貼ったメールが届くことがあります。公務員の皆さんなら誰もが「イラっと」くるはずです。なぜならLGWAN経由のメールは、ネットに接続ができず、すぐにサイトを閲覧できないからです。紹介されたサイトを見るためには、ネットを閲覧できるパソコンで見るしかありません。

つまり、LGWAN経由のメール文をメモ帳などにコピペし、そのファイルを電算管理の部局からアクセス承認をもらったUSBに貼り付け、ネット接続ができるパソコンに差し込んで、それをコピペしてようやくサイトを見ることができるのです。

メールの送り手側はネット接続できるPCからメール送信をしているので、メールを受信する側のことを知りません。「送信先は、ひょっとしたら外部のサイトを閲覧できないかもしれない」という考えさえ送り手にあれば、イラっとさせることを防ぐことができるのです。

一方的に伝えるのではなく、「伝わる」ことがメール1つとっても大切なことで、こうした視点が住民目線にもつながるのではないでしょうか。

PART 2

＼クレームが減る／

住民目線の対応術

PART-2
01

なぜクレームが減らないのか？

その場しのぎの対応をしがち

早く窓口対応を終わらせたいからと、難しい法律用語を駆使して早口で説明した結果、余計に住民に不信感を抱かせ、怒鳴られている職員を目にしたことがあります。

なぜこの時上手くいかなかったのか。それは、**クレームの根元的な原因**がわかっていなかったからです。クレームには、主に以下の3つの原因があります。

①相手の勘違い
②お役所言葉を使う
③態度や対応が悪い（たらい回し）

「相手の立場に立つ」がクレーム対応の基本

これらに共通する問題は、**相手の立場に立っていないこと**と、**こう言ったらこうなるという想像力が欠如していること**です。

①の場合、相手にしっかりと理解してもらうことが目的なので、言葉遣いなどに注意を払う必要があります。ここを押さえず、そもそも「こちらは悪くない、あなたが悪い」という対応をすると、感情を逆なでしてしまいます。②は住民から反感を招く結果になる場合があります。③では、「自分の担当じゃないから、他の課に聞いてください」と言ってみたり、挙句の果てには紹介した課が担当でなかったりします。

このように、相手の立場を理解せず、先を見越していく言動を意識しないと、延々とクレームが続いてしまうでしょう。

POINT

「想像力」でクレームは減らせる

PART-2
02

お役所言葉は使わない

伝える・ではなく伝わる・言葉を使う

お役所言葉を、窓口や電話応対の時に何気なく発してしまうと、住民から「それはどういう意味ですか？」と言われることはありませんか。**例え正解を答えていても、相手に伝わらなければ意味がありません。**

例えば「あなたは41歳で第2号被保険者なので、介護保険料は給与天引きされているんです」と言われ、パッと意味がわかる人は少ないのではないでしょうか。「第2号被保険者」は端的に言うと「40～64歳の介護保険料の納付義務のある人」です。

これを、お役所言葉をやめて言い換えるとすれば「介護保険料は40歳から納付義務があります。あなたは41歳ですから、保険料は給与天引きでいただいています」となります。こちらの方が住民に伝わりやすく、「何を言っているのかわからない」というイライラが少なくなります。

客観的に見る視点

自分本位で言葉を発するのではなく、どう表現したら相手に伝わるかを常に意識することが、とても重要です。そもそも「わからない」から窓口や電話で問い合わせをしているのですから、**相手は何も知らないということを前提にしなければなりません。**

苦情の元となるイライラを少しでも減らすためには、お役所言葉を使わずに、他の言葉に置き換えてみましょう。

POINT

相手は知らないという前提で言葉を置き換える

PART-2
03

DO質問とWHY質問

DO質問には、YESかNOかを明確に

人に質問された時、的を得ない返答をしてしまうことがあります。これは、答えようとして余計な説明をして話があっちこっちに行ってしまうことが原因です。こうした時は、**質問の内容が「DO」なのか「WHY」なのか**を考えて返答しましょう。

まず「DO質問」の場合。例えば屋外イベントが雨で中止になり、「今日のイベントは決行ですか?」と聞かれ、次の2つのパターンで返答するとします。

①「本日のイベントは、雨のため中止となりました」

②「昨日からの雨で、イベント会場が大変ぬかるんでいて、現地のスタッフが足を

取られて転んだりしています。運営費も中止にしても、さほど影響がないという結論になりました。以上のことから本日のイベントは中止と判断しました」

WHY質問にだけ、理由を

①だと結論が明確です。しかし②は、聞いてもいないことを羅列し、言い訳がましく、結論が頭に入ってきません。もし①の返答をしたあとに、「中止の理由はなんですか?」と「WHY質問」をされたら、②のように答えればよいのです。

「DO」の答えは「YESかNO」、「WHY」の場合になって初めて説明が必要になります。「DO」に「WHY」の答えをすると、回りくどい上、**場合によっては言い訳のように聞こえる**ので、相手の質問がDOかWHYかをよく聞くようにしましょう。

POINT

DOかWHYかで答えを変える

PART-2

04

伝えるのは手段　伝わるのが目的

一方通行は×

業務の中で、制度内容や納税方法、申請書の書き方の説明をする場合がありますが、**「なぜ説明するのか」**を考えたことはありますか。私は広報紙を作る時、「これを読んだ住民が、どう感じてくれるのか」と考えたことで、初めてここに気が付きました。

例えば、よくある業務の目的は、以下の通りです。

制度の説明…趣旨や仕組みなどを理解してもらい、「納得」して利用してもらう。

納税方法の説明…滞納がないように、口座振替を勧める説明などをし、納税率を上げることで安定した税収に繋げ、住民サービスを向上させる。

申請書の書き方…一回で申請受理ができるように記載誤りや漏れを防ぎ、住民のやり直しを防ぐ。

公務員は、この「なぜ説明するのか」という目的意識を欠いた説明をしてしまいがちです。これでは一方通行な情報伝達で、理解を得られません。

自分の物差しで物事をはからない

つまり、窓口や電話での応対で説明すること＝「伝える」のは手段であり、理解・納得をしてもらうこと＝「伝わる」ことが目的です。したがって、**伝わることを優先的に考えたあとに、伝える手段を工夫する**必要があるということです。

自分の物差しや考えで説明するのではなく、目的や本質を明確にしながら説明することを念頭に置けば、自然と住民に寄り添った説明ができるはずです。

POINT

ルーチンワークも改めて目的から考える

PART-2
05

ネガ語→ポジ語変換

ネガティブ言葉よりポジティブ言葉

人の悪口は、聞くだけで不快な気持ちになるものです。言い換えると、ネガティブな言葉や言い方は、人を不快にさせます。私も「なぜこの欄を空白にするんですか」と書き忘れを皮肉られ、嫌になったことがあります。

そこで、**ネガティブな言葉はポジティブな言葉に言い換えましょう。**印象がガラッと変わります。

例えば、「あの人は、飽きっぽい」を「あの人は、気持ちの切り替えが早い」と置き換えると、ポジティブな印象に聞こえませんか。

前向きな言葉の条件は「相手のため」

これを日々の業務でどのように活用できるか考えてみます。例えば、いつも申請書の提出がギリギリで、しかも内容に不備がある人に対しての言葉を考えてみます。

A「いつも記載ミスがあるので、もっと早く申請してください」

B「余裕を持って申請すると、記載ミスに早く気付くから楽ですよ」

Aの「早く」を、Bのように「余裕を持って」と置き換えるだけで、柔らかい印象になります。

また、Aは自分本位の言葉で、自分のために相手に何かをしてほしいという願望になっています。これに対し、Bは**相手のために提案をしています**。

自分の希望を押し付けるより、相手のメリットに気付かせる方が、ずっと前向きです。

POINT

相手に寄り添った言葉に変換する

PART-2
06

公務員こそ「見た目」勝負

結局、見た目で判断される

表情・身だしなみが大事と言われると、当たり前のことのように思うかもしれません。しかし、かく言う私も、以前窓口でヒゲをそり忘れただけで「だらしがない」と言われ、不潔な印象を住民に持たれてしまったことがあります。

メラビアンの法則をご存知でしょうか。人に印象を与える3つの要素として、視覚・聴覚・言語に分け、話す側が相手に与える影響の割合を示したものです。

これは、**視覚55%**、**聴覚38%**、**言語7%**とされていて、身だしなみやしぐさ、そして顔の表情を含む視覚の割合が最も高く、見た目の重要性を物語っています。

役所でよく注意されるのは、シャツが出ているなどの身だしなみや表情です。この点を気を付けた上で、今よりほんのちょっと口角を上げて笑顔を意識しましょう。

メラビアンの法則

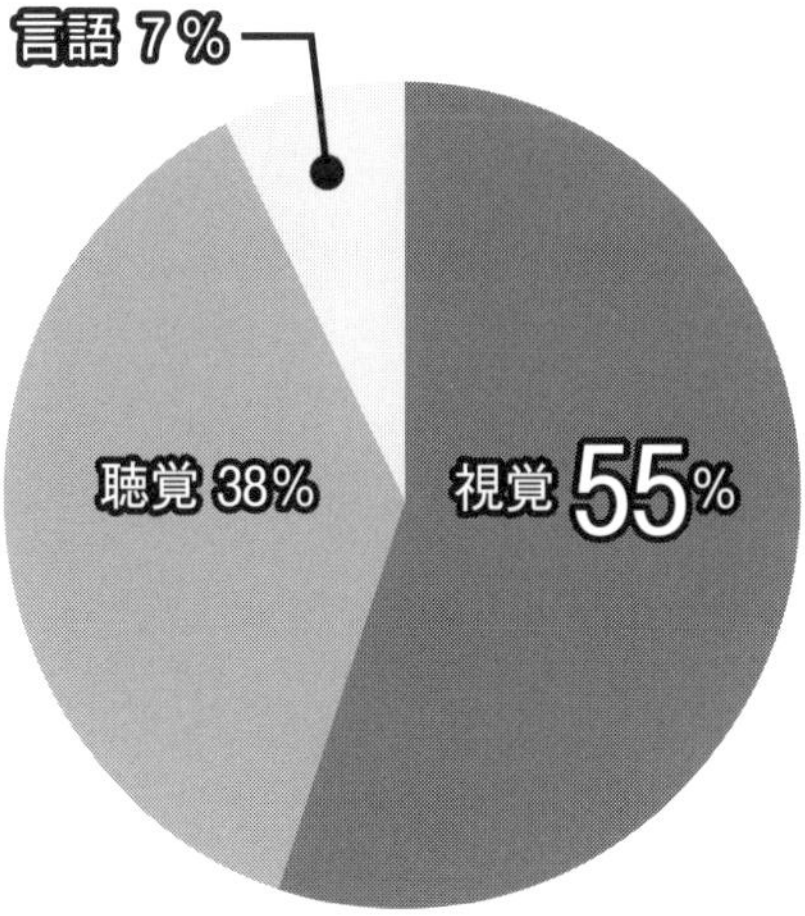

①視覚55%…見た目・表情・しぐさ・身だしなみなど
②聴覚38%…声のトーン・速さ・大きさ・口調など
③言語７%…話の内容・メッセージなど

POINT

口角を上げるだけで信頼度が上がる

PART-2
07

公務員の「共感力」

住民の「不安」に共感する

職場として役所で働いていると忘れがちですが、日常生活の中で、役所に行く機会は実は滅多にないものです。住民票を取る、申請書を提出することは、住民にとって年に1回あるかないかの慣れないこと、わからないことだらけで不安です。そんな時、職員が誠心誠意対応してくれたら、きっと不安な気持ちも和らぐはずです。

窓口や電話で、「わからないから」という理由からイライラしてしまう人も中にはいます。その時、こちらが同じように高圧的に対応してはいけません。

「イライラ」の大本にある住民の「不安」にいかに共感できるかが、公務員の腕の見せ所です。

やり方はシンプルに「誠心誠意」

最初は最高潮の怒りで詰問してくる人も、親身になって傾聴し、本気で**悩みや不安、疑念を解消できる方法を〝一緒〟に組み立てて提案する**と、信頼を勝ち得ます。

私が対応した人の中に、いきなり怒鳴りはじめた人がいました。私はすぐ、「この人は、公務員に対して不満があるんだな」と分析し、とにかく話を聴くことに徹しました。その話の流れの中で「みなさんからいただいている税金を1円たりともムダにしないと誓います！」と言うと、ガラッと表情が変わりました。そして、帰り際には「ありがとうな！」と一言。笑顔で帰って行かれました。共感力こそ、住民のために働く公務員必須のスキルです。

POINT

住民の欲しい言葉を〝一緒〟に探す

PART-2
08

安易な相づちは逆効果

オーバーリアクション&食い気味な相づちは逆効果

「あなたの話をしっかり聴いていますよ」という意思表示になる相づちですが、大げさだったり、間髪を入れずに言われたりすると、馬鹿にされていると思われかねません。

私が気になるのは「なるほどですね」という相づちです。文法的にも誤っていて、聞き手からすると違和感があります。「なるほど」だけでは上から目線にとらえられかねないため、それをにごそうと「ですね」をつけていますが、使うのなら「そうですね」の方がよいでしょう。

イラっとされる相づちの例としては、他にも、①「あー、はいはいはい」と繰り返す、②「うん、うん、うん、へー」と会話の間に相づちを挟み込んでくる、③「えー！マジですか！」とフレンドリーすぎる、などがあります。

良かれと思って相づちを入れているつもりでも、住民はもちろん、上司や同僚に対しても**不快な思いをさせてしまう可能性**があります。

信頼される相づちの仕方

私が相づちをする時には「ええ」という言葉をよく使います。「はい」と「うん」のちょうど間の、丁寧で親身な印象の言葉だからです。また、相づちのポイントは、**繰り返すのではなく、話の文脈を切らさないように1回1回行うこと。**話をよく聴き、窓口であれば表情を見ながら相づちを打ちましょう。

こうすることで、安心感を与えながら話を聴くことができます。

POINT

相づち1つで反応は変わる

PART-2
09

会話の3割キャッチボール

「よく聴いてくれている」と思われる

しっかりと話を聴いてくれているとわかると、誰しも安心するものです。ポイントは、**聴いた話の内容の3割程度を復唱**することです。

例えば、「住民票を取りに来たのですが、不慣れなもので、何を持ってくればいいのかわからないまま来てしまいました。どうしたらいいでしょうか？」と、住民が窓口に来た時の対応です。

①「本人確認ができる免許証やマイナンバーを提示してください」

②「住民票の取り方でお困りですね。本人確認ができる免許証やマイナンバーをお

持ちでしたら、そちらをご提示ください」

どちらの方が好感度が高いでしょうか。ほとんどの人は、②の方が、住民の話をよく聴いている、寄り添った対応だと感じると思います。

会話の3割を復唱してみる

①は聞かれたことにただ答えているだけなので、冷たい印象を与えてしまいます。

一方で②は、住民が話した内容を3割程度復唱しているので、**しっかり話を聴いているという印象を与える**ことができます。住民からの質問の場合や、不安を解消することが目的の時は、相手に寄り添う対応が重要です。

上手な会話とは、「住民に寄り添ってどれだけ話を聴き、復唱できるのか」だと言えるでしょう。

POINT

3割に相手の悩みを含めて答える

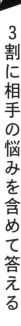

PART-2
10

「意見」ではなく「確認」

まとめて聴いてから要約する

窓口や電話応対をしている中で、相手の話が長く、趣旨がどこにあるのか見失う場合があります。住民の要望がはっきりつかめない場合です。

例えば「通知が来たけど、高くない？　生活に困るよ。公務員はいいよな。そんな心配ないから」と言われても、何の通知かわかりません。

こうした時のポイントは、**話の腰を折らずに、ひと通り聴くこと**です。その上で、「つまり、××さんのおっしゃりたいことは固定資産税が高くなったことに、疑問をお持ちなんですね」と聞き返します。考えていることのずれがないかを確認するためです。

住民はとにかく話を聴いてほしい

話が長い人の多くは、話を聴いてもらうことが目的で、意見されることをのぞんでいるわけではありません。まずはすべての話を聴くことが、トータルの時間では結局、早くなります。長い話になりそうな時に、話の腰をつい折って「時間がないので」「今度にしてもらえないですか」などと言ってしまうと逆効果です。

そのような時は「ここまでのお話を整理させてください。つまり、○○ということをおっしゃりたいという認識でお間違いないでしょうか？」と**「意見ではなく確認」をする**ことで、相手も冷静になり、早く話が終わります。

POINT

話の腰は折らない

PART-2
11

相手の怒りの原因予想

住民の怒りを想像する

窓口に、立腹した様子の住民が来られたとします。私が介護保険担当に所属していた頃なら、瞬時に**「最近発送した書類は何か」**を頭で考えます。直近で納付書を送っていたら、ほぼ金額に不満があると想像できます。その不満の原点は、所得段階が変わっていたり、特別徴収であれば、本徴収と仮徴収の前期と後期で額が違うため、年額には変化がないのに、税額が上がったように見えたりすることです。

ここまで考えておけば、「なんで昨年と一昨年の年金受給額が変わらないのに、急に金額が上がったんだ！　おかしいぞ！」という怒りが飛びだしたら、しめたものです。

相手を冷静にさせる誘導

「わかりにくい制度で申し訳ございません。しかし、ご安心ください。一昨年と今年の年額ですが、全く同額です」などの答えをし、「他にご不安な点や心配な点はございますか？」と質問するのです。

ポイントは、納付額の誤り（という住民の勘違い）ではなく、**「制度のわかりにくさ」を謝る**ことです。住民の気分を和らげ、相手を立てることになるので、悪い印象を与えません。

次に事実を述べて安心感を与えます。安心感があれば、冷静に物事が進みます。さらに「これまでに不安になられたことや、他の制度でわからないことはありませんか？」など相手に寄り添った質問をすれば、相手の興奮は十分収まることでしょう。

POINT

怒っている相手には、落ちついてもらうことが最優先

PART-2 12

目の見つめすぎにご用心

見つめられると困っちゃう

よく「しっかり目を見て、話を聞きなさい」と子どもに注意することがあります。ただ、目を見て話すことは基本ですが、相手の立場からすると、見られすぎると恥ずかしくなったり、凝視されるとちょっと怖かったりもします。特に、役所の場合、きまじめな人が多いと思われがちで、目をじっと見られると怒られていると感じてしまうかもしれません。

かと言って、全く違う方向を見るわけにはいかないので、私はいつも**相手の口元を見ながら会話をする**ように心がけています。

ずっと口元を見るのではありません。目を見て話している時、「結構じっと相手の目を見てるな」と感じたら、時折少し視線を落として相手の口元を見るようにします。口元であれば、どんなことを話しているのかを読み取るために見られていると相手も思ってくれますし、恥ずかしさもなくなります。

苦情の場合はひとまず「目」

一方、窓口で苦情対応している時は、最初は目を合わせます。同時に相手を逆撫でしないよう相づちを打ちつつ、相手の表情を汲み取って口元に視線をはずします。これで**「どこ見てんだ！」と言われなければ、これが1つの判断基準になります。**目をずっと見ずに口元と目を行き来しても大丈夫なら、その人は落ちついてきています。口元を見ながら会話をする経験値を上げてみてはいかがでしょうか。

POINT

ずっとは目を合わさず、時折口元を見る

PART-2
13

「目的」より「願い」で落とす

相手の根本的な「願い」を読む

例えば「納税するのをうっかり忘れただけなのに、督促状が来た。差し押さえると書いてあったのでびっくりした。こんな言い方はひどい」という住民からの意見があったとします。単純に考えると、この方の目的は「督促状の記載の修正」ですが、実は違います。とにかく謝罪をさせて優越感にひたりたいという可能性もあるのです。

しかし、行政からすると、しっかり納期限を守り納税している人との公平性を保つために、未納者に対しては毅然とした対応をする必要があります。ですから、「督促状の記載を変えるように検討すると伝える」としたらNGです。差し押さえをする可能性があるのは事実で、それを伝えないことは公平性に欠けます。

ここでの相手の根本的な願いは、**納税忘れは認めるけど表現がおかしい、もうこんな思いはしたくない、**ということです。

話の落としどころを考える

相手の「願い」がわかったら、次に「落としどころ」を考えましょう。

ここでのポイントは、「納税を忘れていた」ことです。ここを改善すれば先の「願い」は叶うので、「忘れても大丈夫なようにする」≒「口座振替」を紹介し、オススメするのが落としどころです。

このように、相手の表面上の目的を満たしてあげられない場合は、根本的な願いを探し、叶えてあげましょう。

POINT

表面上の目的の奥にある根本的な願いを考える

PART-2
14

聞く：話す＝7：3

「私は○○」とよく言っていませんか

話をしていて疲れる人はいませんか。本人に悪気はないのですが、聞いてもいない自分情報を一方的に話す、つまり「かまってちゃん」です。その人たちの口癖は、**「私はこう思う」「私だったらこうする」**です。

このタイプ、話を聞いているように見えて、実は自分が言いたいことのタイミングを待っていて、話を全然聞いていません。自己中心的な人とも言えます。

こういうタイプは、相手の話を否定していきます。「でも」「だって」を連呼するパターンです。そこからさらに持論を話し出し、決して曲げないので聞き手は疲れてしまいます。

聞き上手は話し上手

自分がこういった印象を与えないためには、とにかく人の話をしっかり聞くことです。意識することは、**聞く割合を7割、話す割合を3割**にすること。そうすれば話し手は気持ちよく話ができ、「しっかりと聴いてくれている」という安心感を与えることができます。

例えば、お酒に酔って役所にやってくる住民への対応でも聞き手に回り、7割話した頃にこちらから少し話をふると、素直に耳を傾けてくれることがよくありました。

そして、この章で紹介した話し方や態度、対応を駆使すれば、聞き上手となり、住民が話しやすいと感じてくれることでしょう。

POINT

自分が話したいことではなく、相手の言いたいことを

COLUMN 2

公務員のムダあるある②　メールが届いたか確認する

「かなり前にメールを送信したのですが、届いていますか？」

公務員の皆さんならこうした問い合わせを住民だけではなく、内部職員や他の自治体からも受けたことがあるのではないでしょうか。

このケースで原因として一番考えられるのは「メールに添付したファイルサイズ」の問題です。自治体によっては、独自のファイルサーバーを持っていて、そこにアップロードをして、そのURLとパスワードを通知するメールを2回に分けて送る方法でやり取りをするところもあります。

一方、メールにファイルを添付することができる自治体もあります。しかし、ほとんどファイルサイズの上限が決まっていて、「2MB以上」のファイルを添付すると、ほぼはじかれてしまいます。画像データは文書ファイルよりも容量が大きいので、メールに添付をする時は特に注意が必要です。

LINEやメッセンジャーと異なり、既読がメールにはつかないので、送信する時は「メール受信の際にはお手数ですが、ご一報ください」などと入れ、メールを受信した時には「メール拝受しました」のような形で返信をするとよいでしょう。

PART 3

＼ミスが減る／

マインド習慣術

PART-3
01

なぜミスが減らないのか？

思い込みとその場しのぎはミスを誘う

一人ひとりの業務量が増えているために、余裕がないからと適当に仕事をしてしまった、そんな経験はありませんか。それはとても危険なことで、実は**適当な仕事がかえってミスを誘い、業務が増えてしまう**ことに繋がります。

例えば、介護保険に異動してすぐに、介護保険認定申請手続きの窓口対応をしたAさん。本人確認で写真がない健康保険証を提示され、「前の職場では免許証など顔認証ができるものじゃないと受け付けていなかった」と、「写真付きの証明できるものを提示してくれないと申請受理できません。また来てください」と他の業務で手いっぱいのあまり適当に対応してしまいました。
しかし、介護保険認定申請には写真付きの本人確認が必要ないと後から知り、上司から「すぐに連絡して謝罪を」と言われても、連絡先を聞いていない――。

自分の考えを疑う

このミスの原因は**思い込み**と、**その場しのぎ**で後のことを考えずに相手の連絡先を聞いていなかったことです。もしも、自分の考えに疑いを持って、忙しくても上司に一言だけ、「写真が付いていないものでも本人確認として問題ないですか」と聞いたら防ぐことができたケースです。
まず自分の考えに疑問を持つことがミスを減らす第一歩だと言えます。

POINT
自分を疑ってミスを減らす

PART-3

02

メモ不足は万病の元

メモを取らないと意外とすぐに忘れる

ミスの多くは、言われたことを忘れてしまうことに原因があります。忘れないためには、メモをしっかり取って、記録として残しておくことです。

細かなことまで控えておく必要はありませんが、メモがあれば、相手との確認の際にも言った言わないがなくなるので、どちらにとってもメリットがあります。

紙でもスマートフォンでもPCのテキストファイルでもなんでもいいので、**記録する癖をつけると、「うっかり」ミスを防ぐ**ことができます。

「自分は覚えていられるから」「些細なことだしいいだろう」とメモをしない人はた

くさんいます。しかし、あなたが「万が一」だと考えているうっかりは、案外頻繁に起こるのです。

紙よりもスマートフォンでメモ

特に、スマートフォンのメモを有効的に使うことで、より仕事を効率化できます。なぜならスマートフォンのメモには**「キーワード検索」機能があるから**です。

紙に書いたものでも、スマートフォンに書き写しておくと、あとで案件を調べる時、キーワード検索ができるので探す手間がなくなります。例えば「研修資料」が見つからない時、その単語を検索すれば、いつ書いたのかもわかります。

メモ1つで、防げる病（≒ミス）はいくらでもあります。シンプルなことですが、メモで万病を予防しましょう。

POINT

メモはミス予防の手洗いうがい

PART-3
03

仕事の見える化

「なんとなく、なんだか忙しい」は×

いつの間にか、仕事が溜まって「なんだか忙しいな」という状況に陥り、慌ただしく作業してミスをしてしまうことはありませんか。この原因は、**「いつの間にか」**にあります。

今自分がどれだけの量の仕事を持っているのかを把握しないと、質の高い仕事はできません。では、どのように把握すればよいのでしょうか。

その方法はとにかく「見える化」することです。メモ用紙でもスマートフォンのメモ機能でもよいので、自分が抱えている仕事を箇条書きにします。すると、今なぜ忙しいのか、この仕事は今本当にやらなければならないのかなどが明確になります。仕事や時間を効率的に取捨選択できるようになり、「忙しい」ゆえのミスがなくなります。

POINT

慌てた時こそ大枠を整理

スマートフォンのメモ機能

【タスク】
1…最優先　2…随時　3…いつでもよい
●＝終了分　▲＝途中

3　役場の通知書をUDにする案
3　資料館の資料で多言語使えないか？
1　UDカタログの各事例のお願い
1　里山 企画書 脚本
1　×○さんにディスクレシアの話を聞く
▲モリサワソリューションの校正
1　資料のボトムアップ
1　里山用のパネル
1　里山用の名刺
1　依頼文のテンプレ作る
●type squareの起案を上げる
●×△区，校正に関して再訪問する（△△さんと調整）
1　三芳町のUD化調整
●数量報告
●ハザードマップ作り直し
●おとなりの外観を撮影
▲トップの表示変更
●プレスリリース作る
●L字の法則に差し替え
●バックパネル→3月になってから
●財務処理
●UD化のスケジュール表作る
●LOCAL LETTERの校正
●NHKの資料を作る

スマートフォンのメモを使った仕事リスト。キレイに並べる必要はなく、とにかく頭の棚卸をして失敗を防ぐ。

PART-3
04

「隙間時間」はないものと思え

「いつの間にか」溜まる仕事の正体

伝票作りや月締めの休暇処理など細かな仕事も溜まってしまうと、何から手をつけてよいのかわからなくなります。こうした場合の多くは、回ってくる仕事を「**小さなことだからあとで隙間時間にやろう**」**と後回しにすることが原因**です。

例えば上司から頼まれた10分で終わる少額の負担行為の消耗品費の差し引き伝票作りを「今すぐにはできませんが、後ほど対応します」と回答したとします。心の中では「どうせすぐに終わるんだから、いつでもいいや」と思っている場合が多いです。

その結果、仕事を忘れてしまいます。時間が経って上司から「頼んだ仕事はいつ頃終わりそうか」と聞かれて思い出し、「あ！　すみません！　今すぐやります」となり、上司に不信感を抱かせるだけではなく、他の人の仕事にも影響が出てしまう恐れもあります。

鉄は熱いうちに打て

どんなに忙しくても、10分程度で終わるような**小さな仕事こそ、すぐに処理して終わらせる**ことが、大きなミスを防ぐポイントです。

私の場合、例えば、県からの簡単な照会依頼などは、広報編集の手を休め、サッと調べて先に処理するようにしています。

鉄は熱いうちに打てと言いますが、瞬時に仕事にかかる時間を頭の中で考え、すぐに終わるものであれば、熱が冷める前に対応しましょう。

POINT

小さな仕事こそすぐに処理する

PART-3
05

メールは備忘録

言った言わないの不毛な時間をなくす

業務をしている中で、「この前言ってた件の進捗状況、どうなってるの？」と上司に聞かれた時に「先日口頭でお伝えした通りですが」と答えたら、「そんな話は聞いてない！」と言われ、「えぇ……」となった経験は誰しもあるのではないでしょうか。実はこれ、残念ながら「**自分のミス**」なんです。

上司の多くは議会対応などで忙しい時期があり、しっかり話したと思っていても頭に残っていないことがあります。ですから、お互いに嫌な思いをしないためには、メールでしっかり伝え、記録を残しておくことが重要です。

また、メールを送っていれば、もし相手が開封していないとしても、メールのチェックを漏らした方に落ち度があるので、こちらにはデメリットはありませんし、証拠になります。

メールの負担も極力減らす

ただし、逐一メールをするのも入力の手間がかかるほか、それを見る人も負担になってしまいますので、**ある程度まとめてから報告する**と効果的です。

また、代表メールやグループメールで送る時には、件名に必ず【○○さん宛】など、誰に対してのメールかがわかるようにします。近年なんでもかんでもメールが送られてくるようになったので、重要なものも埋もれがちです。

自分の身を守りつつミスを減らすには、メールを活用しましょう。

POINT

メールは最強コスパの護身術

PART-3

06

ミス忘止法

同じミスは二度としない

人間誰しもミスを起こすものです。私も、電話応対した相手の氏名と連絡先をうっかり聞き忘れるというミスをし、その後連絡をとれずに各所に聞いて回ったことがあります。

しかし、**問題なのは同じミスを繰り返すこと**です。ミスの原因を分析せず、その場しのぎで終わらせてしまうと、のど元過ぎれば熱さを忘れてしまうが如く、また同じミスをしがちです。ミスは、忘止しなければなりません。

それを防ぐために、ミスしたことを書き起こし、なぜそのミスが起こったのか原因を究明し、どう改善すればよいのか結論を出し、内部でシェアすることが重要です。

原因を分析する

例えば「申請書の記載漏れがあったが、気付かずに受理してしまった。結果、もう一度記載のために、わざわざ来庁してもらうことになってしまった」というミスがあったとします。これをミス案件として、必ず控えておきます。

次に、どこに原因があったのかを究明します。この場合は申請書の記載漏れを見落としていたことが問題点です。もし、2人でチェックしていれば防げた事案です。

当然、ミスしたことは上司や同僚に報告しますので、その時にしっかりと原因と改善策を提示しましょう。そうすれば**組織全体としての再発防止**に繋がりますし、何より同じミスを繰り返さずに済むようになります。

POINT

失敗を組織の財産にする

PART-3

07

勘違いをなくす復唱術

思い込みは大きなミスを招く

仕事で何かを指示された時に「はい、わかりました」と答えるだけでは不十分です。例えば「20日までに議会答弁資料を作っておいて」と言われたら、**何か足りない**と思わなければなりません。

この場合、何月の20日なのか、20日の何時までに必要なのかの情報がありません。上司が4月だと思っていたのに、思い込みで5月だと思っていたら、資料が作られていないというミスが発生してしまいます。

また、時間もわかりません。20日の午前中まで必要なのか、午後でもいいのかがわからないので、午後に仕上げればいいやと思い込んでしまった場合、大事な会議に資料が間に合わないということになりかねません。

指示→復唱をクセにする

そのミスを防ぐためには、「〜〜だろう」を禁じて、指示があった時に、**復唱して自分の認識と相違がないか確認**します。

(上司)「20日までに議会答弁資料を作っておいて」

(自分)「はい、わかりました。5月20日の水曜日の何時までに、資料をご用意すればよろしいでしょうか」

曜日まで言うことで、より精度が上がります。もし曜日が違っていれば、「いや木曜日だよ」と指摘されるので、日にちのずれも訂正することができます。

POINT

自分の認識と相違がないか確認する

PART-3
08

たかが1秒　されど1秒

F1の感覚で考える

皆さんは一日「何秒」働いているか考えたことはありますか。8時間勤務だとすると、「28,800秒」、分で考えると「480分」です。

たった1秒と思うかもしれません。しかし、例えばF1レースでは0.1秒を争い、周回を重ねていくと周回遅れの車が出てきます。トップの車との1周のタイム差はわずか1秒しかないにもかかわらずです。

1周1分だとすると60周で周回遅れになる計算です。つまり、**ちりも積もれば山となるの言葉通り、1秒もおろそかにできない**ということです。

1秒も無駄な時間はない

役所の仕事で考えると、例えば、国や県から来た発行番号を押す時はどうでしょう。仮に300枚に押していく時、丁寧にずれないよう1枚に10秒かけている人と、多少のずれは気にせず1枚0.5秒でどんどん押していく人を比べると、前者は50分、後者はなんと2分30秒で終わり、47分30秒の差が出るのです。重要なのは、発行番号を押す目的は、番号がわかればよく、きれいに押す必要はないと気付けるかどうかです。

仕事をしている中で、特にルーチンになっていることは、改善できるポイントがたくさんあります。**繰り返しやることの1つひとつを「1秒でも早くしよう」と積み重ねていく**と、仕事が早くなります。

POINT

繰り返す仕事は改善の余地あり

PART-3
09

CCの目を借りる

自分にとってミスじゃなくても

広報紙を作る時、かなり客観的に見て校正することを意識していますが、誤字脱字を指摘されることが多々あります。自分一人では気が付かないことも、第三者の目が入ることでより正確性が増します。そこで、校正用のPDFを掲載する内容の担当者にメールで送っています。

このように、メールを送る時、内容について認識のずれがないように、私は必ず関係する人や部署にCCをつけるようにしています。

その際、担当者以外のCCで送る人たちにも①**進捗状況**、②**全体で認識してほしい**

内容、③自分がどんな仕事を今しているのか、この3点を共有してもらいます。

情報共有はミスを未然に防ぐ防波堤

①では、仕事の進行を共有でき、何かあった時に、流れに直接携わっていない人も状況を知っておくことで、迅速・柔軟にフォローできます。

②ではあて名で個人名の後に（CC：関係各位）などとすることで、「知らなかった」を防ぐ効果があります。

③は、上司や同僚に今、自分が何をやっているのかを把握してもらうために有益です。

CCを使いこなして、**チームとしての仕事**をしましょう。

POINT

CCはミス防止&チームワークの1つ

PART-3
10

「3つあります」の法則

グダグダ説明は「要約不足」

ある自治体職員研修会でのこと。班ごとにプレゼン発表をすることになったのですが、ある班の説明がまとまりがなく全く頭に入ってこないことがありました。

何かを説明する時に相手に上手く伝えられない、こんなミスを防げる魔法のような言葉があります。

「ポイントが3つあります」

この言葉を言うだけで、聞き手は「3つあるんだな」と心構えをしてくれますし、言った本人も、話を3つに要約せざるを得ません。

とにかく説明する時は最初に「3」

例えば次のような場合。

「この場所に施設を建設するには、住民を集めて説明会を実施しなければなりませんし、土地の所有者との調整と理解が必要ですし、財政的にどれだけの負担がまちにあるかが問題となります。次に詳細を説明します……」

「この場所に施設を建設するには3つの課題があります。1つ目は住民への説明会開催。2つ目は土地の所有者との調整。3つ目は財政的な負担です。それではこの3点について詳細を説明します……」

どちらの方が頭に入りやすいでしょうか。答えは当然、後者ですよね。**最初に3つもなくても「3つあります」と言う癖をつけて**、説明の達人になってみませんか。

POINT

3を駆使して説明の達人

PART-3

11

公務員は「かもしれない運転」で

「多分〜だろう」は通用しない

「だろう運転」という言葉を聞いたことがありますか。事故を引き起こす危険とされる運転の態度で、「たぶんあの歩行者は立ち止まってくれるだろう」「たぶんあの車は右に曲がるだろう」と楽観視して、するべき確認や判断を怠って運転することです。

実は、**公務員の仕事も同じ**ことが言えます。

例えば、窓口で住民に一部誤った説明をしてしまったものの、そのままにしたとします。「まあ、些細なところだし、相手も気付いていてなかったし、大丈夫だろう」と思って、上司への報告や課内での共有、住民への訂正を怠ったのです。

もしそれが、あなたが知らないだけで重大な部分だったらどうでしょう。住民が気付いて訴訟を起こせば、組織に迷惑がかかります。逆に気付かず住民が損をし続けるとすれば、その方の人生を壊してしまうことにもなりかねません。

「〜かもしれない」という思考回路で

「多分〜だろう」は、大きなリスクです。公務員ならば、考え得るあらゆる最悪の事態（=リスク）を想定し、できる限り避けて仕事をすべきです。ですから、「かもしれない運転」、すなわち「もしかしたら訴訟問題になるかもしれない」「あの方の人生を壊してしまうかもしれない」と考えて、安全第一の仕事を心がけましょう。

リスクを避けることは、結果的に仕事の精度の向上や時短にも繋がります。急がば回れのリスクマネジメントで、ミスを確実に潰していきましょう。

POINT

急がば回れのリスクマネジメントでミスを潰す

PART-3
12

小さなミスも「怖がる」

「リスク」は「怖がる」

「リスクマネジメント」とは「危機管理」のことで、地震や火災など予想される事故や災害から住民の命を守るため、事前に制度を整備する管理体制を指します。

リスクマネジメントに必要なのは、「危機察知&回避能力」です。公務員は国民・住民の安心安全を守ることが責務。国民・住民を脅かす危機を察知し回避するため、先のことまで常に考える必要があります。つまり、**例え小さなミスだったとしても、その先に住民の命や権利が懸かっていないか、公務員は常に怖がらなければなりません。**

例えば、認知症講座を行った公民館の床が、老朽化で一部釘が飛び出ているような場合。「釘が飛び出ているので注意」と応急処置で済ませるのではなく、「この釘でケガをする人がいるかもしれないから、修理を依頼しなければ。上司に掛け合おう」とすぐに判断し行動するのが、公務員に必須のリスクマネジメント力です。

「クライシス」は「速やかに」

「クライシスマネジメント」という似た言葉もあります。問題が起こる前＝リスクマネジメント、問題が起きた後＝クライシスマネジメントというイメージでOKです。クライシスマネジメントはスピード勝負。問題が起こったら、怖がっている場合ではありません。**すぐ非を認めて謝罪です。**言い訳やだんまりは、世間の心証を悪くします。直接的に自分や役所の責任ではなく、委託先などで問題が起こってしまった場合も同じです。できる限り速やかに問題の元を正し、住民に説明しましょう。

POINT

ミスが取り返しの付かない事態を引き起こす前に

COLUMN 3

公務員のムダあるある③　企画が出オチ

提案した事業などの決裁が下りて、ホッとして終わってしまうことはありませんか。企画・提案が通ることは手段であって目的ではありません。料理でたとえると「今日の晩ごはんはカレーにしよう」という家族の決裁が下りたにすぎません。

カレーを作るにもいろいろな方法があります。市販のルーを買ってくるのか、レトルトを買ってくるのか、香辛料から煮込んで本格カレーを作るのかなどなど。

「カレーを作る」というゴールであればどれも正解ですが、「おいしい本格派カレーを作る」となるとレトルトだと難しくなります。

公務員の多くは、レトルトで済ませてしまいがちです。しかし、手間暇かけたカレーを作ることで、「美味しい」「手が込んでる」ということが相手に伝わり、共感や感謝の言葉をいただけるでしょう。

企画が通った後は、「どうしたらもっとよくなるのか」を考えます。良い素材を集めても、調理に失敗してしまったら身も蓋もありません。おいしく料理をすることを心がけましょう。

PART 4

＼ やり直しが減る ／

仕事のダンドリ術

PART-4
01

なぜやり直しが減らないのか？

適当に作ると余計に手間がかかる

起案を上げても「ここはどういう意味？」「なんでこんなことするの？」「こんなことするなんて聞いてないけど」と上司からやり直しの指示をされたことはありませんか。私も昔、広報紙である特集をした時「まあ大丈夫だろう」と担当課に確認を怠った結果、「こんな特集やるなんて聞いてない！」と怒られた苦い経験があります。その原因は情報が多すぎたり、根回しが足りなかったりすることが大半です。

ここでのポイントは、**自分の物差しで物事を考え、起案を作ってしまっている**ことに気が付いていないことです。

自分がわかるだけでは×

「ここはわかりにくいから、もっと簡単な言葉にしてみよう」「ここの部署の合議を取っておけば、スムーズに事が進むから、○○さんに事前に話をしておこう」という機転をきかすことができれば、やり直しは減るはずです。

一方で、「こんな簡単なことは、補足しないでもいいや」「○○さんのところまで行くのが面倒だし、たぶん大丈夫だろう」と自分本位で希望的な行動を取ると、良い結果に結びつかず、やり直しや、なかったことになってしまう場合があります。

そこで、「この内容で出したら、ここが引っ掛かるかも」「○○さんに話をしておかないと、後で面倒になる」と**頭の中で仕事の終わりまでシミュレーションを一回する**だけで、やり直しになる可能性がグッと低くなります。

POINT

「急がば回れ」がやり直しを減らす

PART-4 02

プラスアルファの仕事

上司からの指示は作業

9月頃になると翌年の予算を考える時期がやってきます。例えばAさんは上司から「2週間後に予算策定があるから、積算基礎も含めて、10日後までに作ってもらえるかな」と指示があったとします。しっかりと指示通りに、積算基礎となる見積りなどを用意して10日後に資料を作ったとします。

しかし「この内容だと昨年よりも予算がオーバーしているけどなんで?」と上司から指摘されました。続いて「これじゃあ、財務に説明できないし、日にちもないから残業してでも明日までに作って」と言われてしまいました。

プラスアルファをして初めて仕事

この原因は2つあります。1つは**昨年の予算書との比較をせずに、指示通りに積算基礎を計上**したこと。2つ目は**〆切日に提出**していることです。

予算が昨年と比べてオーバーしていると気付き、上司に相談をし、そのうえで再度積算基礎を組み立てていたら、やり直しになりませんでした。一方もしもそれに気が付かなかったとしても、〆切日よりも前に上司に提出していれば早い段階で修正ができ、「残業してでもやる」という話にはならなかったのです。

つまり、上司の指示以上のことを考えることが大切なのです。言われたことはできて当たり前。それ以上のことをして初めて仕事です。プラスアルファを常に意識し、業務を行う癖をつけましょう。

POINT

指示以上のことを意識する

PART-4
03
無用な問い合わせの減らし方

見た目が変われば「？」も減る！

「やり直し」の最たる例は、住民から「通知書の意味がわからない」と問い合わせされることです。もちろん必要な問い合わせもありますが、事前に防げる無用な問い合わせもあります。このケースを防ぐ一番の方法は、**「見た目を良くする」こと**です。

文字が小さい、書体が読みにくい、文章ばかりで読む気がしないというのは自治体通知書あるあるです。これらは、文字の大きさや太さにメリハリをつける、UDフォントを使う、文章を見出しで区切る、それだけで住民の反応は変わります。また、文章の整理には、受け手の知りたいことを絞って、Q＆A方式で解説するのも有効です。

POINT

特にUDフォントはこれからの自治体で必須！

従来通りの通知書

固定資産税の納付書発送のお知らせ

日ごろから、本市の税務行政について、ご協力いただき厚くお礼申し上げます。

同封の納税通知書の「納税額」、「納付方法」をご確認いただき、納期限日までに納付手続きを済ませてください。

また、納税通知書には固定資産税課税対象物件の明細が記載された「課税明細書」を添付していますので、内容に誤りがないかご確認ください。

これだけで終わると一方的な情報になってしまう！

住民目線の通知書は Q&A 方式

固定資産税をご確認ください

日ごろから、本市の税務行政について、ご協力いただき厚くお礼申し上げます。同封の納税通知書の納税額、課税明細を確認のうえ、納期限日までに納付手続きを済ませてください。

よくあるご質問

Q: 急に固定資産税（家屋）が上がったのですが

A: 新築軽減の期間満了している可能性があります。

新築住宅は、一定の要件により固定資産税の減額措置が設けられ、新築後３年間（木造）は 120 平方メートル分までの税額が 2 分の 1 に減額されます。減額措置期間が終わると元の税額戻るのですが、急に上がったように見える場合があります。

疑問を Q&A 方式にすることやフォントのメリハリ、UD 活用でわかりやすく伝わる！

PART-4
04

相談はスタートと3割地点

作り終わってからのダメ出しはきつい

資料や通知書などをようやく作り終えて、上司に見せたら「ここはこういうふうにした方がよい」「これじゃダメ、やり直し」と言われてしまったという経験は、誰にでもありますよね。私もせっかく作った動画がイメージと異なるとして、お蔵入りになって、それまでの時間がすべて水の泡となってしまったことがあります。

そこでまず最初に、「この資料は、こういう流れで、こういったデザイン、レイアウトで作ろうと思うのですが」と**自分のイメージを作業前に伝え、大枠を固めます。**

最初から完璧にする必要はない

次に、実際に資料や通知書を作っていきますが、ここでのポイントは一気にすべては作らずに、3割できたところで、一度確認・相談をすることです。「このような方向性で作成しているのですが、現状でお気付きの点があればご指摘ください」と上司に相談をします。「文字が小さすぎないか」「このレイアウトだと読みにくい」などの意見があっても、3割程度の進捗であれば、余裕を持って軌道修正できます。

制作物だけではなく、**仕事の進捗は3割程度進んだところで、上司にまず相談する**ことが重要です。すべて終えてからのダメ出しは上司も言いにくく、妥協してしまうかもしれません。その結果、クオリティの低いものを提供することになったら、受け手に対し、失礼になってしまいます。

POINT

2度の確認でみんなが助かる

PART-4
05

調べ不足は時間泥棒

報連相は大事だけれど……

業務の進捗などを上司や同僚と情報共有することは大切なことですが、なんでもかんでも聞いてくる人、周りにいませんか。または、もしかしたらあなた自身、人に聞いた方が手っ取り早いと、すぐに聞くタイプではありませんか。

「今お時間よろしいですか」と聞いてくる人には要注意です。

問題なのは、**人の時間を奪っている認識がない**ことです。聞く側は自分本位で、自分が早く理解すればよいと思っているかもしれませんが、聞かれた側はその分、時間を奪われます。そのため「自分で調べろ」と突き放されるかもしれません。

自分で調べる癖をつける

では、どうすればいいのか。それは、「まずは自分で調べる」こと、「『自分で調べられることは調べきった』という自信を持ってから質問すること」です。

すぐに聞く人の特徴は、自分で調べることを怠っています。過去の資料やウェブで調べた結果、どうしてもわからないとなった時に初めて聞くのであればいいですが、全く知らずに聞かれたら、いくら時間があっても足りません。例えば、固定資産税の都市計画税の税率。「色々調べて、0・2％だと思ったのですが、間違いないですか」と聞いてもらえればYESかNOの単純な返答で終わります。

もちろん聞いた方が圧倒的に早い場合もありますが、調べる癖をつければ知識も増えます。**聞くべきものなのかを一度考えてから確認**するようにしましょう。

POINT

調べ力が高いとやり直しもなくなる

PART-4

06

前倒し〆切で余白づくり

「楽だから」〆切より早めに仕事をする

「何があるかわからないから、何事も〆切より早く済ませるべき」というのは、なんとなく皆さんわかっていると思います。自分の見当違いや上司の急な判断の変更、課の協力者が病気で倒れて自分一人で納期に間に合わせる……。ただ、「べき論」は理解できても、忙しさに押し流され、〆切を破ってしまう人をよく見かけます。

しかし、発想を逆転してみてください。「〆切より早く済ますべき」ではなく、**「〆切より早く済ませると楽」だと思えば、人はおのずと楽な方に切り替えていく**ものです。

具体的には、〆切の5日前には目処をつけ、2日前には提出しましょう。万が一再提出となっても、2日も余裕があれば、時間的にも心理的にもかなり楽になります。

また、懇親会の出欠や研修の申請など今すぐできる小さなことは、〆切がいつに設定されていても、確認後すぐに済ませましょう。余計に待たせても、〆切や回答内容を忘れてしまい、あなたも受け取る側も二度手間になるだけです。

余白が仕事の質を変える

〆切より早く仕事をすると、**「仕事に余白が生まれる」**というメリットもあります。

例えば、企画や広報などクリエイティブな仕事は、たっぷり考える時間を取ることが大切です。それなのに、すべてを〆切通りにして仕事をしていると、仕事に余白が生まれず、「考える」時間をないがしろにしがちです。

質の高い仕事をするために、考えるための余白を積極的につくっていきましょう。

POINT

早め早めに終わらすのは、自分のため

PART-4
07

過ぎた情報は及ばざるが如し

資料が多ければよい企画ということではない

あなたが、とっても素敵な企画を提案したとします。どうしてもその企画を通したいと、あれこれ付け足して企画を提出したら、逆に、資料がたくさんありすぎて内容がわかりにくく、結果「やり直し」となるケースはありませんか。

事業化した時に法的根拠に基づく場合であれば、膨大な資料が必要となりますが、企画立案の時点で資料がたくさんあると、決裁を出す上司が目を通すのに時間がかかってしまいます。そのため、**企画立案、提案をする時は極力内容をシンプルに**した方が、目を通してくれます。結果、「ここはどうなってるの」と指摘があったとしたら、その企画案をしっかり見てくれていることになりますし、もし指摘がなかったら、その内容でＯＫになります。

ポイントだけに絞る

ではどうやってシンプルにするのでしょうか。それは、**事前に上司や関連部署に聞いて回り、どこがポイントになるのかを把握し、それを端的にまとめる**のです。

起案に添付する企画書・提案書の文字量は最小限にし、要点をまとめるだけにします。すると余白がたくさんでき、関連するイメージ写真やピクトグラムを入れることができます。書面がパッと見やすいものになるので、理解のスピードが速くなります。

相手が見た時に「見たい」と思う企画書・提案書を作りましょう。

POINT

シンプルな方が理解してもらいやすい

PART-4
08

「住民のため」基準

公務員が考えるべき一番のメリット

上司からダメ出しをされた時の理由で、「これは何のメリットがあるのか」と言われたことはありませんか。その根拠を上手く示せず、やり直しになったことのある人も多いのではないでしょうか。この場合は**「住民のため」をプレゼン**しましょう。

例えば、三芳町ではjuice＝juiceの金澤朋子さんに広報大使になっていただいていますが、無償でまちに協力してもらっている結果、ファンの皆さんがふるさと納税に寄付したり、まちに足を運んだりと多大な経済効果が出ています。こういった新しい企画も「これは住民サービス向上に繋がります。なぜなら……」と予算や人的状況を含めた説明がしっかりできれば、NOとは言われません。つまり、私たち公務員は、何のために働いているのかを根拠に考え、目的意識に訴えるのです。

相手を見極め「業務改善」もエサにする

しかし、保守的な公務員が多いことを認識しておくことも重要です。保守的な人は仕事をしたがりませんし、仕事が増えることに目くじらを立てます。こうしたタイプの理解を得るには、**業務改善をメリット**としてアピールしていきます。

「○○をやることで、業務量が減ります。周りに迷惑はかけません」などの効果を説明するのです。「楽に仕事する」ことを目的にするのです。

どちらにしろ業務量が減れば、その減った時間を他の業務に充てることができ、結果、質の高い住民サービスに繋がるので、住民のためになります。

POINT

「住民のため」と「業務改善」を根拠に

PART-4
09

予算ゼロ事業チャレンジ

予算ゼロだから見つかるもの

「予算」は、新事業立ち上げの一番のネックになります。予算計上がなされ実施される事業は、当然税金で賄われます。そのため、住民の皆さんや議会に問われた時に、しっかり説明する責任があります。

裏を返せば、**予算ゼロで住民やまちのため、業務改善になる**ことに関しては、やり直しをさせられることもありません。私が行った事業としては「庁内報」があります。

内部の職員の交流や親睦を深めるために企画・立案しました。印刷はせず、PDFにし、庁内イントラの掲示板にアップして各自で見るので、印刷コストはかかりません。さらに広告を入れたので、少額ですが財源確保にもつながっています。

インナーコミュニケーションが図れて財源確保、予算ゼロ。不定期で気の向いた時に作るので、業務負担にならず、誰もが納得します。また、こうした先進的な事業はプレスリリースすることで、パブリシティの獲得にもつながるので、予算ゼロでの事業に挑戦してみましょう。

POINT

予算ゼロだと色々やりやすい

PART-4
10

納得材料は「実物」で

「挑戦」はなかなか認めてもらえない

前項と逆説的ですが、新規事業や何かをリニューアルする時、大抵の場合「やり直し」が待ち受けています。なぜなら、自治体は新しいことに消極的な風土があるからです。例えば、広報みよしを大幅にリニューアルした時、一番困ったのが内部の理解を得ることでした。

そこで、まず**他の自治体の事例を調査**します。先進的にやっているところがあれば、ウェブで徹底的に概要を調べます。もし、どこもやっていなかったら「日本初」「県内初」などの形でプレスリリースができるので、それも頭の片隅に入れておきます。

内部を納得させるには、先進事例を用意する

「文章を少なくして情報を伝わりやすくしたい」と提案したら「去年載せた内容を日にちだけ変えればいいから余計なことをしないで」と言われたり、「情報を集約して1ページの半分に収めたい」と提案したら「ずっと1ページもらってきたのに、減らすなんてとんでもない」などと言われたりもしました。

自分が理論的に説明しても「生意気」くらいにしか思ってもらえなかったので、先進的な広報紙（福岡県福智町の広報ふくち）を取り寄せて、**比較して説明**しました。

それまでの広報みよしと広報ふくちを並べて「どちらの方がわかりやすいですか」と質問すると、みんな口をそろえて広報ふくちの方がよいという結果になりました。

理解を得るにはまず、先進事例の力を借りましょう。

POINT

実例を見て判断してもらう

COLUMN 4

公務員のムダあるある④　ペーパーレスにできない

業務中、「これはPDFにしてメールで確認でいいのではないか」と思うことでも、「紙の方が頭に入るから」とわざわざプリントアウトして回覧し読んだら捨てることありませんか。判子を押して回すので、大した内容でもないのに、休暇の人のところで書類がストップなんてことに心当たりのある人も多いのではないでしょうか。

約1年、民間出向して感じたのはとにかくペーパーレス。会議でも各自がノートパソコンを持参し、書類は共有フォルダで閲覧。会議に出れない人はSkypeで参加と、とても効率的でした。これをそのまま自治体でというと難しいところはありますが、一番の問題は「紙の方が理解しやすい」という先入観がはびこっていることです。ペーパーレスに難色を示している人たちもスマホでいろんなサイトを見ているはずです。でも理解できないからとプリントアウトしてはいません。

SDGsの取り組みが進んでいますが、エコの観点からも紙の無駄です。また裏紙を使うと手差しのためプリンターが詰まることもあります。裏紙はメモ帳などに活用する方が実は効率的だったりします。

国がもっとペーパーレスを推進してほしい！と思っている地方公務員は、めちゃくちゃ多いです。

PART 5

＼ストレスが減る／

コミュニケーション術

PART-5
⋮
01

なぜストレスが減らないのか？

公務員の仕事は楽？

「公務員は仕事が楽でいいよね」というご意見をいただくことは少なくありません。

しかし、暇そうに見えても、他の自治体からの照会や都道府県や国への報告などの事務処理が絶えないものです。一生懸命頑張っても、そのような目で見られてしまい、ストレスになっている人をよく見かけます。

また、年功序列のため能力の有無にかかわらず理不尽な指示をされ、キャパシティを超える業務量を抱えているのに、断ることが苦手で、さらに仕事が増えるといった悪循環に陥っている人もいます。

生きるために仕事をしている

そうした人たちに共通するのは、**頑張りすぎているこ**とです。本当は「つらい」「苦しい」「仕事が多い」と弱音を吐きたいのに、そう言えない環境であったり、「評価が下がる」「波風が立つ」という思考に陥っていたりするのです。上司からの指示に「NO」と言うのはとても勇気がいることです。つらさを訴えても残念ながら聞く耳を持ってくれない場合もあることでしょう。理解してくれない人は一生理解してくれません。

それでも、仕事のために生きるのではなく、**生きるために仕事をしている**のです。そう割り切って、相手が変わらなければ、自分の意識を変える。これが、ストレスを溜めない第一歩です。

POINT

相手は変わらない。自分を変える

PART-5
02

公務員こそ伝え方が9割

コミュニケーションデザインの考え方

誰かに恋をして、夜な夜な思いにふけり、ラブレターを書いたとします。次にそのラブレターを相手に渡すことになるのですが、「どこで」「どのようなタイミングで」「何時に」渡すのが一番有効なのかを考えます。

この、**どうしたら手に取ってもらえるのかを考えることが「コミュニケーションデザイン」**です。公務員の仕事に置き換えると、住民にどのように事業や制度を理解してもらうのか、説明するのかを考えることがコミュニケーションデザインと言えます。

行政の情報もラブレター

想いのギュッと詰まったラブレターでも相手に手に取ってもらい、読んでもらえなければそれはコミュニケーションと言えません。公務員の仕事も同じです。いくら良い仕事をしても、相手（住民や上司）に伝わらなければ意味がありません。

つまり、例えば住民向けの情報をウェブに載せて終わり、広報のお知らせに掲載して終わりというような「とりあえずやった」だけの「アリバイ作り」の周知の仕方で、果たして情報がしっかり住民に届いているのか疑問を常に持つ必要があるのです。

伝え方が9割の意識を常に持ちながらお知らせを作ることが、結果として住民サービスに繋がります。お知らせを作ることは手段。住民に理解してもらうことが目的であるということを認識しましょう。

POINT

お知らせは手段。住民の理解が目的

PART-5

03

トラブらないメール管理

返事は即レスで相手が安心する

メールを確認した時、未読のものであふれていることはありませんか。例えば、「○○のおしらせ」「○○について」など、よくある件名だけを見て「これは後で大丈夫」と放置した結果、すっかり対応を忘れてしまい、周りに迷惑をかけてしまうこともあるかもしれません。

また、メールには既読機能がないので、送った側は「ちゃんと送れているだろうか」「確認をしてもらえているだろうか」と不安になります。ですから、メールが送られてきたらすぐに返信をします。

ポイントは、**すぐに答えられるもの（10分程度）であれば後回しにせずに開封をしたらすぐに返信する**ことです。

また、回答に時間がかかる場合には、「確かにメールを拝受しました。追って回答いたしますので、少しお待ちください」などの返信をするようにします。こうしておけば、「メール届いていますか」という問い合わせの電話を防ぐことができます。

確認する時間を決めておく

また、就業開始時、お昼休み明け、16時など、**メールチェックをする時間をつくる癖**をつけます。一日3回見ることができれば、メールが溜まっていくことはなく、時間を効率的に使うことができます。

POINT

その都度返信する癖をつける

PART-5
04

言い訳は質問の体で

公務員は組織の一員

公務員といえども民間企業と同じように、組織の一員です。上司の指示は原則的に絶対的なものであり、業務指示に従う必要があります。

与えられた内容によっては、自分の意に反するもの、理不尽なものなどあることは、無きにしもあらずです。そこで「でも」「しかし」「だって」と反論しても、基本的に良い顔をされることはありません。本当に指示に従うのが難しい場合もありますが、**上司からの説明はとりあえず最後まで聞く**ようにします。話がひと通り終わった時に、自分の意に反することがあれば、角が立たないように、反論ではなく、質問をする形をとるようにします。

「でも」「だって」の前に一度考える

例えば、窓口業務が予想外に多くなり、しかも納付書発送の準備も重なっている時に、今日中に終わらない仕事を与えられたとします。その時、「でも、こんな量はできませんよ。だって今忙しいんです」と答えるのではなく、「今、納付書発送の準備を優先的にしているので、今日中に終わらせることが難しいです。いただいた仕事の役割を課内で振り分けていただけないでしょうか」と**質問をする形であれば、角が立たずに、自分の意志を伝える**ことができます。

ただし、コンプライアンス的に問題のあること（パワハラなど）はこの限りではありません。その場合は、日時や内容を記録して人事などに相談してください。

POINT
言い訳したくなったら「質問」に言い換える

PART-5

05

「すみません」より「ありがとう」

窓口業務でとても有効な魔法の言葉

介護保険担当の頃、介護認定申請の受付をはじめ、介護保険料の賦課徴収を業務として行っていました。その時、窓口に来られた人と対面する際は、まず「こんにちは」と声をかけるようにしていました。

続いて窓口にご案内するのですが、**窓口に来られた人が何かをされた時や話をし終わった時には必ず「ありがとうございます」と言っていました。**

例えば介護認定申請書をお預かりする際には、「ご足労いただきありがとうございます」。介護保険料に不満があり、窓口に来られた人には、「貴重なご意見をありがとうとうございます」。

「ありがとうございます」を言われると、誰も悪い気はしません。私の中で、「ありがとうございます」は、魔法の言葉です。

「すみません」は極力NG

申請書をお預かりする時に「すみませんね。申請書もらいますよ」と言ってみたり、保険料に不満がある人に「すみません。法律で決まってるので」と言ってみたり。これではあまりよい気がしません。今までの経験上、窓口や電話応対の時は、**「すみません」よりも「申し訳ございません」の方が良い印象**を与えることができます。

会話の中で、「すみません」ではなく、「ありがとうございます」に繋がるような言葉を意識すると、スムーズな対応ができるはずです。

POINT

「ありがとう」に繋がる言葉を組み立てる

PART-5
06

言葉に出す前に一旦整理

これを言ったら相手はこう返してくるという思考

住民への対応をより効率的にする方法です。**数手先回りをして、自分がこう言ったら、きっとこんな答えが返ってくるだろう**と考えるのです。

次に、その答えを想定します。例えば新築家屋の登記がされた後に行う家屋の訪問調査で「固定資産税の家屋調査って何をするんですか?」と聞かれたとします。

①（私）「ご自宅にお伺いをして外観と室内を見ます」
②（相手）「どのくらい時間がかかるんですか?」
③（私）「概ね1時間程度です」

最初に質問を受けた時に③まで想定しておくのです。住民からのよくある質問はどんな部署でもある程度ストックしてあるはずです。その引き出しを利用すれば割とかんたんに、想定問答ができるというわけです。

ステップアップ時短回答

事例の場合は、

①（私）「ご自宅にお伺いをして1時間程度、外観と室内を見ます」とすれば、②と③の問答に費やす時間と説明が必要なくなります。これを積み重ねていくと、1つの案件を処理する時間が大幅に短縮されていきます。

数手先まで考える将棋のような思考を持つことで、効率的な仕事をすることが可能となります。

POINT

数手先まで先回り

PART-5

07

「嫌いじゃない色眼鏡」をかける

「嫌い」は無駄な時間を生む

仕事をしていると「この人苦手だな」と思うことがあります。どうしても馬が合わない、「嫌いな人」は誰しもいるのではないでしょうか。

私も嫌いな人がいました。そのようにふるまっていたら余計にこじれてしまい、余計な時間を費やしてしまいました。そう、**「嫌い」は時間を「無駄」にする**のです。

そんな無駄を防ぐために、3つのポイントを意識すると、嫌いな人に柔軟に対応できるようになります。それは、①相手の悪いところはスルー、②とことん褒める、③自分との共通点を探す、です。

「好きになる」ではなく「嫌わない」

①は、相手の悪いところばかり見て、嫌いな気持ちが増長されてしまう前に、悪いところを全部無視してしまうのです。「嫌い色眼鏡」で見てしまうと、悪いところしか見えなくなってしまいます。

②では、良いところを探すようにします。そしてその良いところをとことん褒めます。人は褒められて嫌な気持ちになる人はいません。

③は自分の趣味や地元の話など、共通点を探し、それを話題にすることで距離をグッと縮めます。

無理して「好き」になる必要はありませんが、**「嫌い」のレッテルを貼ることでむしろ自分を苦しめない**ようにしましょう。

POINT

「嫌い」は自分を苦しめる

PART-5
08

「けりま」で報告

「け」(結論)→「り」(理由)→「ま」(まとめ)の順で組み立て

上司への報告では、まず結果を伝えることに重点を置きます。詳細や過程を具体的に話し出すと、結論を忘れてしまうこともあります。

聞く側からすると、**結論から話されることで、結論に基づいて疑問が生まれる**ので、質の高い会話やアドバイスができます。

つまり、結論→理由→まとめの順で話す「けりま」報告を徹底することで、余計な時間を省くことができるので、双方にストレスを溜めず仕事ができるということです。

ストレスのない報連相

例えば納税通知書の発送の準備が遅延して応援を頼みたい時。

「納税通知書の発送の件ですが、他の業務や窓口対応に時間がかかってしまい、なかなか手を付けることができなくて、明日の発送に間に合うかどうかわからないんです。だから他の人に手伝ってもらいたいのですが……」

これでは言い訳がましくてイライラされます。そこで次のように組み立ててみます。

「明日発送予定の納付納税通知書の準備が遅れています（結論）。想定外の業務が重なってしまいました（理由）。申し訳ありません。恐れ入りますが期日に間に合うように、課全体での協力をお願いできないでしょうか（まとめ）」

結論をまず冒頭で伝えるだけで、**伝達スピードがぐんと速く**なります。

POINT

伝わる言葉のコツは結論から話すこと

PART-5
09

＋感想で意思表示

報告後の感想は、仕事の取り組みへの評価

事業の進捗、事業報告などを上司や課内で共有する時、**ただ事実を説明するのではなく、補足として自分の想い、感想をしっかりと話す**ことで、その仕事に取り組む姿勢への評価に繋がります。

例えば、国民健康保険事業の月報を県や国に提出するために起案を上げて、決裁をもらう時。上司に内容に相違がないか確認してもらうのですが、それだけでは少し物足りません。月報や年報などは、前月や前年の数字の比較ができます。

そこで、数字の変動がなぜ起こったのかを自分なりに分析をし、「75歳になった人

が多く国保から後期高齢者医療への切り替わりが例年よりも多いようです。その分、給付が減ったのではないかと思います」など、起案を上げるタイミングで説明します。すると、「数字を追うだけ」ではなく、その背景や原因を常に考えながら仕事をしているという意思表示になります。

やらされ仕事と思わせない

一方で、起案が回っている時、上司から呼び出されて「なぜ、こんなに給付額が上がっているのか」と**聞かれてから説明するのではやらされている仕事**だと評価されてしまいます。自発的に仕事をしていることの意思表示として、報告した後に一言、自分の感想を述べるだけで、相手の印象が変わります。

POINT

感想で相手に信頼される

PART-5
10

提案はマストで

WantよりもMust

何か起案を上げた時に、「住民からクレームがくるかもしれない」「これだと議員にツッコまれるかもしれない」など不安を抱くことはありませんか。その時に必要なのは、**自分の中で確固たる説明ができる自信があるか**どうかです。

例えば、広報紙発行の印刷製本費が前年比で上がった場合。数字だけ見ると、前年よりも金額が上がっているので、議会からも住民からも「なぜ上がったのか」と追及されるのは当然です。提案した側も、理由はあっても「しっかり理解してもらえるのか」という不安があり、上司からも企画時点で指摘されることは確実です。

マスト＝住民のため

この場合、予算が上がった理由が「紙代が高騰しているから」「世帯数が増え配布部数が増えるから」というものであれば、それほど目くじらを立てられません。しかし、「2色刷りからフルカラーに変更したから」では、追及される確率は高くなります。ですから、**本質は何か、なぜそれをしなければならないのかの理由**をしっかり考えます。

この場合、「ユニバーサルデザインの観点から、カラーにすることで、色覚障がいのある人を含め、どなたでも見やすく読みやすい広報紙を作成できるため」「2色に比べ表現方法が広がるので、今まで以上に魅力のある広報紙を作ることができるため」という理由であれば、マストでやらなければいけない理由となります。

POINT

マストの理由を考える

PART-5
11

プライドは仕事の足を引っ張る

「プライド」は和を乱す

職場の中に、ちょっと苦手だなって思う人は一人や二人はいるものです。私も自分が正しいと意見を変えなかったり、人を学歴で判断して見下したりする人は苦手です。そういう人に限って人の意見を聞き入れません。

かと言って「嫌いな相手にやさしくしたくない」と、自分も妙なプライドに負けて、意地になって会話をしないとか、つっけんどんな態度をとると、当事者間だけでなく、周りの空気も悪くなってしまいます。私たち公務員は、組織の一員であり、課はチームです。**個人のわがままで職場内の雰囲気が悪くなることは避けたい**ものです。

「住民のため」を考える

また、自分がいつも一番だと思っているようなプライドの高い人は、チームの輪を乱します。自分の意見が絶対だと思っているので、主張を変えません。自分がすべて正しいと思っていたり、やたらと指示したり、部下に対して権力をふるったりします（パワハラと感じたらすぐに人事に相談しましょう）。課の意思疎通にも弊害が出るので、非生産的になります。知らず知らずのうちに、プライドが仕事の邪魔をしてしまう、そんな可能性を誰しも持っているのです。

つまり、**プライドの高い人にならない**ことが、公務員として必要なことなのです。私たち公務員の仕事のすべては、自分のプライドのためではなく、住民の皆さんに繋がる、縁の下にあるものだと忘れてはいけません。

POINT

私たちは住民のために働いている

PART-5
12

メンション機能でLINE活用

@をつけて特定の人を指定する

公務員の仕事でも、メールだけでなくSNS、特に「LINE」グループを使って連絡することも増えてきたのではないでしょうか。グループ機能は、メールで言うところのCCやBCCのように情報共有には便利ですが、グループに情報共有した上で特定の人から返事をもらいたい場合、読み飛ばされてしまうことがしばしばあります。

そこで、「メンション」機能を使います。入力欄に「@」と入力し、出てきたリストの名前を押すだけです。相手には、「メンションされました」と通知が行きます。

メンションだけで情報共有の質と確実性がグッと高まるので、ぜひ活用しましょう。

POINT

メールの宛名＝メンション、CC／BCC＝グループ

LINE のメンション機能

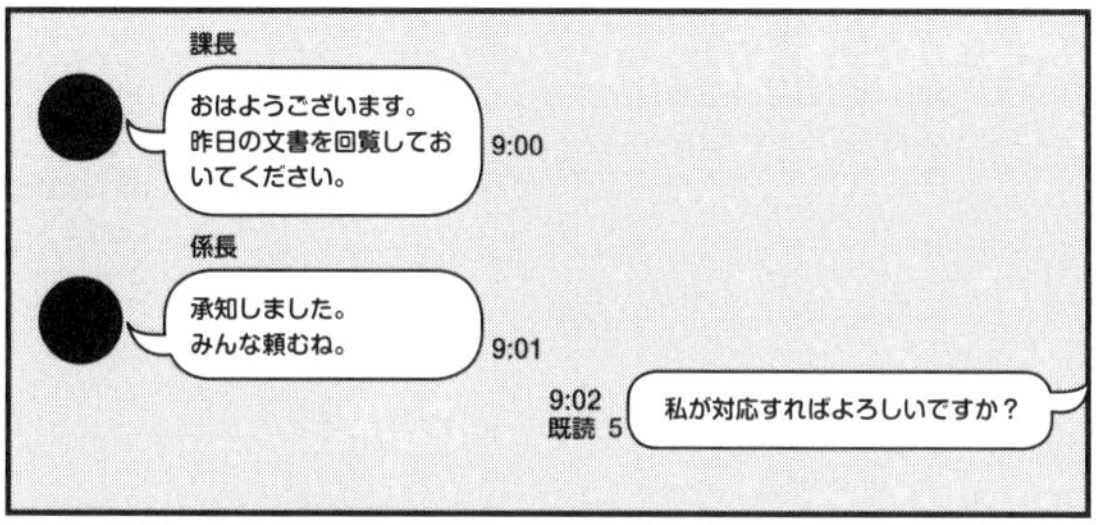

グループ内の誰に対してメッセージを送っているのかがパッとわからない。また、PUSH通知も来ないので気が付かない可能性がある。

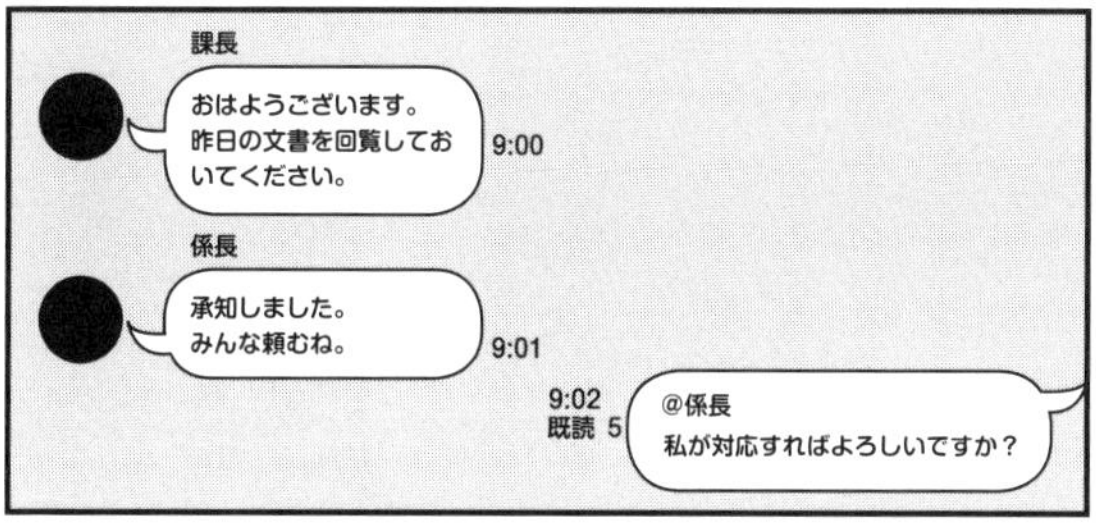

@でメンションをつけると相手は「○○さんからメンションされました」と通知が来るので、自分に対してメッセージがあるとすぐに気付くことができる。

PART-5
…
13

スタンドプレーはみんなのおかげ

もし周囲が私を助けてくれていなかったら

私は、広報みよしをほぼ一人で作ってきましたが、それは私だけの力では成り立ちません。町長をはじめ、三芳町、特に所属課の皆さんが、私が**広報作りに打ち込める環境を整えていてくれた**から、私は広報みよしを作ることができたのです。

広報紙は、私が担当させてもらっていた、取材や写真撮影、デザインや記事の企画などだけでは、作ることができません。伝票処理やSNS・HPの管理、他部署との協力など、事務仕事や地道な処理、調整を周囲が助けていてくれたからこそ、私は広報紙作りに自分のすべてを費やすことができたのです。もし私が周囲に助けてもらっていなければ、きっと今のような成果は出せていなかったでしょう。

みんなは一人のために、一人はみんなのために

「一人で仕事をしているわけではない」と頭ではわかっていても、がむしゃらに頑張っている人ほど、その事実を忘れてしまいがちです。特に、がむしゃらに頑張って華々しい成果が出た人ほど、「俺だけが頑張って、俺一人の力で成果を出した」と勘違いしてしまいがちです。私も一時期、そう思いかけていたことがありました。

でも、断言できます。それは**自分の力を過信**しています。公務員は、組織である以上チームプレーです。「俺だけが頑張って、俺一人の力で成果を出した」と思って周囲の協力に気付けない人は、いつか必ず、周囲に足下をすくわれます。

きれい事ではなく、謙虚に周囲に感謝して、「チームで」仕事に尽くしましょう。

POINT

チームとして結果を出していることを忘れずに

COLUMN 5

公務員のムダあるある⑤　公務員は会議がお好き

会議をするための会議をするほど、公務員は会議が大好き。1時間の会議のため、準備に半日以上かかるという笑えない状況もあるのではないでしょうか。

百歩譲ってITが普及していなかった昔であれば仕方がないと思いますが、SNSやSkypeなど情報伝達ツールが充実している今は、もっとよい方法があるはずです。

一方、「報告・連絡・相談」の3つを合わせた「ホウレンソウ」というものがあります。このうち報告と連絡は、わざわざ口頭で言わなくてもメールやLINEで済ますことができます（相談は、直接話をした方が、表情や言葉の表現で伝わり方が変わるので、ITを活用しない方が賢明です）。

また、仕事の話も大切ですが、休憩時間などで、雑談をして内部のコミュニケーションをはかることも、業務を円滑に進めていくために必要なスキルです。雑談をした上で、「実は……」と上司や先輩に相談を持ち掛けると、ある程度の信頼関係があるので、親身になって対応してくれます。つまり、報告・連絡よりも雑談・相談を軸にした「ザッソウ」の心がけが、今の時代に合ったコミュニケーション方法です。これを密にしていけば、会議の時間を減らせるはずです。

PART 6

＼ 無駄な慣習が減る ／

たのしごと術

PART-6
01

なぜ無駄な慣習が減らないのか？

現状維持で満足している人が多い

役所には引き継ぎされた文書など、マニュアル化されたものがたくさんあると思います。その多くは非常に意味のあるもので、多種多様な事例をもとに作られているので、これに基づいて仕事をすれば大きな失敗は起こりません。しかし、裏を返せばそれ以上、効率化されることはなく現状維持の仕事を重ねるだけと言えます。

仕事の質が下がらないのであれば、それでも全く問題ないと思います。ゼロから仕事内容を変えるということではなく、例えば操作マニュアルや窓口対応マニュアル集など既存のものを改定させていくなど、慣習をブラッシュアップすることをまずは考えましょう。無駄な慣習と思っていても、実は大切なこともあり得ます。**すべてを否定するのではなく、なぜそれが慣習になったのか、分析する**ことが必要です。

前例踏襲と新しい風を併用

一方、冒頭でもAIの話をした通り時代はどんどん変わっています。例えば、コンビニで住民票を取ることができたり、LINEで住民サービスを申請できたり。ところが役所では、歓送迎会や懇親会のために、開催通知を作り、一人ひとりに手渡しをしないと失礼にあたるというルールがよくあります。紙の無駄ですし、メールを昼休みにでも送れば済むことです。

手渡しだと温もりを感じるらしいですが、ただの時間の無駄にしか思えません。内部での古い慣習はなくしていかないと、**新人職員たちの負担が増える一方**になります。

POINT

古い考えはどんどん見直す

PART-6

02

ライフ・ワーク・バランス

「仕事以外」の時間を

公務員は真面目な人が多く、「ワーク∨ライフ」であるべきと考えてしまいがちです。しかし正直、仕事以外を大切にできない人は仕事でも成果を出せません。仕事以外の人生が充実してこそ、人間としての魅力や知識が備わり、仕事の質が上がるからです。

こうした「ライフ∨ワーク」を実現するには、単純に**「(仕事以外の) 好きなことを思いっきりやる」のが大事**です。好きなことを思いっきりやるための時間をつくるためには、仕事を効率化し、定時に帰れるよう仕事を整理しなければなりません。つまり逆説的に、「仕事以外を充実させる」という意識こそが、仕事の質を上げるのです。

自主的な勉強の時間に充てる

プライベートの充実は心と時間の余裕を生みます。そうすると意外にも、「これ、仕事に活かせるかも」という発見や学習が、日常生活の中で自然と行われていきます。

例えば私は、最近は広報の仕事をしているので、常に広報担当としてのアンテナを張って、移動中の電車で広告のデザインを見たり、書店に立ち寄ったら雑誌からトレンドを学んだりしています。これは自主的な仕事の勉強と言えますが、ポイントは、**仕事だと思い詰めすぎないこと**。日常生活で、「仕事のために」と重たく背負い込みすぎず、「これ、仕事に活かせるかも」という気楽な発想を持っているだけです。

ただこれは、仕事以外が充実していないとできないワザです。仕事の質を上げるためには、残業をせず自分のための時間をたっぷり取ることを、強くオススメします。

POINT

仕事以外が充実しないと仕事は充実しない

PART-6
03

「嫌メモ」のススメ

異動直後がメモチャンス

仕事をしていると、「なんでこんな面倒なことをするのだろう」「こうしたらもっと良くなるのに」と感じることは少なくありませんよね。

特に、新人の時や異動した直後にそう感じることが多いのではないでしょうか。しかし、喉元過ぎれば熱さを忘れるかのように、部署に馴染んできてしまうと、その感覚が薄れてしまい、仕事を改善できるチャンスを逃してしまうことになりかねません。

そこで、**新人・異動直後は特に、疑問・嫌だと思ったことをメモに残しましょう。**

例えば私が介護保険担当だった時のこと、「仮徴収と本徴収の仕組みがわからない」

という苦情が何件もありました。そこで「なぜこんなに同じような問い合わせがくるのに対処しないのか」とメモを取っておいたのです。一年後、その「嫌メモ」をもとに徴収の仕組みがわかる説明を納付書に同封したところ、苦情が劇的に減りました。

嫌なこと・変えたいことはメモしておく

嫌メモの効能はそれだけではありません。当初面倒だと思ったことでも、仕事をこなしていくと意外と大事なことだったと後から気付き、後輩指導や引継で役立ちます。

また、常に課題をリストアップしておくことで、課題解決法が見つかる可能性があります。さらに、**上司に改善を提案する時のツールとしても、嫌メモは根拠となる**のでとても有効です。

組織の一人としてしっかり嫌メモを残しておきましょう。

POINT

疑問は組織にとっての宝になる

PART-6
04

コスパのいい公務員

秒給という緊張感

公務員になってから、給与明細を見て一喜一憂することはあっても、「これが自分の今の価値なんだ」と思っている人は、少ないかもしれません。

単純作業で考えてみましょう。例えば、通知書の封入封緘作業をする場合。封入封緘にかかる時間が1分で、月給から算出した時給が仮に1200円だとしたら、1分20円で、1秒0・3円の給料が発生しています。

少ないと思いますか。私は、案外多いなと背筋がぴりっきます。なぜなら、ちょっとあくびをしている時間ですら、税金が1円2円と発生しているわけですから。

もちろん、公務員といえども機械ではありません。そこまでいちいちシビアに考えていたら病んでしまいます。しかし、公務員という立場でいる以上、自分に**毎秒それなりの「税金」が与えられていることは強く自覚すべき**です。仕事に良い意味で緊張感が生まれ、無駄な時間を省かなければと根本から意識が変わるはずです。

1秒でも短く

例えば先ほどの例でも、作業時間を1分から30秒になんとか減らすことができれば、「あなた」のコスパはかなり上がります。こうした事務作業は、根本的に何かを変えるというより、**単純に集中して手を動かせば解決する**ことも多いです。窓口業務などでもルーチンを1秒でも早く済ませれば、コストはグッと減らせるのです。

「自分の価値」を意識して、秒給をもらうに値する仕事をしましょう。

POINT

×コスパのいい仕事術　○コスパのいい自分

PART-6
05

前例踏襲の目的チェック

目的を見誤らない

公務員は、前例踏襲主義が代名詞と言われるほど、変化を求めず波風を立てないことを良しとする風潮があります。ではなぜ、こぞってその流れに乗ってしまうのでしょうか。

例えば定期的に送る申請書。読みにくくてもわかりにくくても、前例踏襲で作っていれば、現状以上のクレームが生じる可能性が低い。つまり、**クレームを出さないことが仕事の目的化している**ことにその原因があるのではないでしょうか。

申請書を読みやすくするためにユニバーサル・デザインフォントを活用したり、ウェブサイトで申し込みができるように仕組みを変えたりするなど、「クレームを出さない」ではなく「わかってもらう」ための改善策はたくさんあります。

改善ポイントを意識する

時代は刻々と変化し、数十年前にはなかったネットやウェブでのサービスなど、方法論が日に日に増え、それに応じた事務処理をしなければなりません。それにもかかわらず数十年前のやり方を良しとして、変化を求めない人も中にはいます。

前例踏襲でいいものもありますが、**改善できることはなにかを常に考えるべきです。**今の時代に合った方法で効率化をはかれるのであれば、上司に掛け合ってみてはいかがでしょうか。

POINT

時代の変化に応じた仕事を意識する

PART-6
06

SNSで仲間づくり&トレンド取得

全国公務員仲間の現場の生の声を聞く

税務課と介護保険にいた時と、広報担当になってからの大きな違いは、**他の自治体や国の職員との交流ができたこと**です。今思えば、税務課や介護保険の業務を他の自治体はどのようにしていたのかを知っていれば、もっとスムーズに業務遂行できる方法があったのではないかと少し後悔しています。

広報担当になってから全国に公務員の仲間が爆発的に増え、この恩恵は広報の紙面作りや、時間配分、取材の方法などの情報をシェアすることで、現場の生の声、そしてトレンドを知ることに繋がり、結果として広報みよしは全国的に評価されるものとなりました。全国の公務員との交流があったから、質の高い広報紙を作れたのです。

賢い交流の仕方

では、どのようにして交流できたのかというと、**名刺交換をしたあとすぐに友達申請をして、Facebookでつながりを継続できるようにしました。**SNSの利点は、タイムラインに色々な情報が載るので、自分から情報を取りにいかなくても、自然と情報が入ってくるということです。そして、気になった投稿があったら、直接メッセージで相談をして、より密度の濃い情報を取得するといった形です。

自分の自治体のやり方だけだと、業務が硬直化してしまいます。他の自治体の事例やトレンドを知るためには日々の情報取得が重要で、それにより業務改善が図られます。

私もSNSでもっと交流したいので、皆さんの申請をお待ちしています。

POINT

現場の声を知るためにSNSを活用

PART-6
07

「あの人だけの仕事」禁止

自分がいなくても回るルールをつくる

以前の私は、自分がわかればいい、一人でできるから大丈夫と思っていました。しかし介護保険の担当だった時、3か月間の育児休暇を取得して、意識が変わりました。「自分がいなくなって、課が回らなければ組織の一員として失格だ」と気が付いたのです。つまり**切羽詰まると仕事の考え方が変わる**、そういう状態に、育休を取得することで必然的になりました。そこで、誰でもわかり、引き継げるよう仕事を可視化させて、ルールをつくりました。そしてタスクマネジメントを徹底し、定時に帰れる方法を構築したのです。

具体的にはＥｘｃｅｌのＶＢＡ（ビジュアルベーシック）で介護保険のソフトを作り、その操作方法をマニュアル化し、誰もが操作できるようにしました。つまり、自分がいなくなっても、自走して事務が円滑に進行できるような下地をつくったのです。

自分を過信しないこと

「育児休暇」がきっかけとなり、自分の仕事の方法を見直すターニングポイントとなりました。次男が生まれた時、介護保険ではなく広報担当でしたが、この時もフォーマットを作り「広報づくり虎の巻」的なものを共有していたので、私がいなくても広報紙は滞りなく発行できました。

自分を過信し、自分がいないとダメな状況をつくってしまうのが、組織として一番ダメな存在なのです。

POINT

自分がいなくても仕事は回る

PART-6
08

脱アナログ作業信仰

電卓の方がExcelより信頼できるという「妄想」

税務課でも、介護保険でも、圧倒的に電卓を使う機会が多かった印象があります。その中で、特に無駄だと思っていたのが、検算のために電卓を使うケースです。例えばExcelのSUMで合計を出した後に、電卓で何百行も数字を足していき、Excelと電卓で数字が合っているかを突き合わせさせるのです。以前、疑問に思って「Excelでやった方が早くて正確だと思うのですが」と言ったら「Excelは信用できないし、電卓の方が正しいから」という謎の理論を展開され、空いた口がふさがらなかった時があります。もちろん電卓の方がすぐに取り出せるので、単純計算であれば早いケースはありますが、**アナログな思い込みで手間を増やしているのは、公務員あるあるです。**

封筒処理1つとっても……

一方、納付書や給付費通知、賦課決定通知などで、あて名ラベルを封筒に貼る処理をする時がありますが、一枚8コマ印字したものがあった場合、皆さんはどのように貼っていきますか。私であれば一番早いと思うのは、8コマすべてを剥がす→8枚の封筒に貼っていく作業。一回一回シールをはがして貼るという作業は非常に非効率的です。先に紹介した〝されど1秒〟の考え方です。

電卓もあて名ラベルを貼る作業も、**アナログ作業には改善できるポイントがたくさんあるので、**疑問を持ちながら仕事をすることを心がけてみてはいかがでしょうか。

POINT

デジタル前提の公務員仕事を

PART-6

09

常識を超える発想の仕方

役所の常識は世間の非常識？

2007年、介護保険にいた時、三芳町では初の「納付書でコンビニ納付」を提案しました。しかし、当時は結構反対されました。

理由は「65歳以上はコンビニを利用しない」「特別徴収（年金天引き）まで半年しか普通徴収（納付書払）がないから意味がない」「利用料が高いから、取り分が減ってもったいない」などです。これは**行政目線での都合で、いわばお役所の常識**です。

特に、65歳以上はコンビニを利用しないという発想は、先述した固定観念です。本来は「銀行や郵便局が近くにない人へのサービス向上に繋がる」という考え方にならないといけないわけです。

当たり前を超える発想

一方利用料は一件ずつ見ればもったいなくても、コンビニでの納付率が上がればそれまでよりもトータルでの納付額が上がるので結果に見合った効果があります。こういう発想になれば、役所の常識を超えることができるのではないでしょうか。

最終的に、収税でやるかもしれないからと、介護で試す意味も含めて始めることをメリットとして提案し、実現することができました。現在では、税も保険料もコンビニ納付ができるようになりました。

住民サービスに繋がることを常に考えつつ、**長い目で見て仕事をする**ことで、常識を超える発想が可能になります。

POINT

住民サービス向上をスタートにして発想する

PART-6
10

公務員「なのに」を意識

求められている以上の仕事をしないと公務員失格

一般的な公務員のイメージは「頭が固い」「事なかれ主義」などと言われています。つまり、波風を立てずに言われたことをして、何か言われても、頑なに変化を求めない人たちです。しかし、「**波風を立ててでも、言われたこと以上のことをして、状況に応じて柔軟に対応する人**」がこれからは求められています。「公務員『なのに』こんなことを!?」が、意外にも大切なのです。

波風を立てることは目的ではなく、手段。先述した固定観念を打ち破ることで、多角的に物事を見ることができれば、答えは1つではなくなります。選択肢が増えれば、それだけ柔軟に対応できるのです。

公務員らしさってなんだ？

私はよく公務員らしくないと言われますが、特別なことはしていません。本当は、公務員として当たり前のことをしているだけです。

例えば、広報紙用に撮る写真が上手だとお褒めの言葉をいただくことがあります。これはまちの魅力を最大限伝えるという仕事だから、プロの公務員として、ゼロからカメラを死に物狂いで勉強をしたのです。まちのためになるという目的が明確であれば、プロの意識を持ち仕事をするはずです。それが一般的には、**公務員「なのに」というギャップで**お褒めいただけるのです。

POINT

「当たり前」は公務員のギャップになる

PART-6
11

みんなのための出過ぎた杭

出ない杭と出る杭と出過ぎた杭

よく、「出過ぎた杭は打たれない」と言います。では、公務員の言う「出過ぎた杭」とはなんでしょうか。

目立った行動をすると、非難をされたり、憎まれたりするようなことを「出る杭は打たれる」という言葉で表現されます。

公務員は目立った行動をせずに、穏便に仕事をこなすことを良しとします。つまり、「出ない杭」です。私はそれでも全く問題はないし、人それぞれの価値観だと思います。

しかし、**自分勝手な行動をする「出る杭」は問題**です。何でもかんでも反発して、自分の主張を曲げず、上司や先輩の意見に耳を傾けない人です。結果、「面倒な奴だな」と思われ、邪険に扱われてしまい、ストレスがお互いに溜まってしまいます。

目的のための熱意で飛び出す杭

一方、出過ぎた杭は誰もが納得する結果を出します。

出る杭と出過ぎた杭の決定的な違いは、組織の中で目的を完遂するために、熱意を持っているか否かです。**出る杭は自分のため、出過ぎた杭は組織のために行動をしている**という違いがあるのです。公務員でいう組織は役所であり、住民になります。組織や住民のために目立った行動をせざるを得ない人には、最初は本意が伝わらないこともあるでしょう。でも、出続ければいずれその想いは必ず伝わり、協力してくれる人たちが増えていきます。

POINT

出る杭は自分のため、出過ぎた杭はみんなのため

PART-6
12

やって後悔の方が結果、楽

愚痴になるような後悔はしない

よく「あれをやっておけばよかった」「もしあれをやっていたら結果が違っていたのに」という愚痴にも近い後悔を耳にします。しかし、なぜしなかったのかを聞くと「大変そうだったから」「前例がないから」などの答えが返ってくるのです。

例えば「育児休暇を取ればよかった」という男性職員に「なんで取らなかったの?」と聞くと「前例がないし、世間の目が厳しいし、収入が減るし……」というケースです。行動に移さなかった結果、後で後悔をしているわけです。後悔先に立たずというように、いくら後悔しても後の祭りで時間を取り戻すことはできません。

悩んだらやってみる

後悔して言い訳をする人は、常に楽な道を選んでいます。道が二手に分かれていたら、困難な方、つまり「チャレンジする方」を選びましょう。時には失敗することもありますが、チャンスは一度きりかもしれません。

育児休暇もコンビニ納付もＶＢＡソフトも、すべて人に言われてやったことではなく、自発的に行動したことです。誰もやったことがないことはとても困難なことですが、楽な道と困難な道の2つがあった時、絶対に楽しく、また結果、仕事や生活がうまく回って楽になるのは困難の方です。私が保障します。楽な方に行きたい気持ちをぐっとこらえ、新たなチャレンジをして、楽しい仕事をしてみませんか。

POINT

2つの道があったら困難な方を選択する

PART-6
13

できない思い込みを捨てる

できない理由はいくらでもある

広報紙を改革していた時、日本一の広報紙はどんなものなのかと取り寄せたのが、福岡県福智町の広報ふくちでした。雑誌のような広報紙で、巻頭特集があり、読んで楽しく住民がいきいきとしている紙面に衝撃を受けました。

当時の広報紙と見比べると差は歴然。「このレベルでなければ、評価されないのか……」と肩を落とした記憶があります。周囲からは「こんなの作れないよ」「プロが作ってるんじゃないの」「うちの町では無理だよ」という声が漏れていましたが、広報ふくちはほぼ1人の職員の手で作られていたのです。

私は「**こんな素敵な広報紙が毎月ポストに届いたら、きっと住民は喜ぶ**」とパッと思いました。この瞬間から、私は「できる方法」を必死で考え始めました。

大体のことは「努力」で解決できる

それから印刷の知識を学び、雑誌を読み漁り、何の書体を使っているのか、サイズは何かなど徹底的に勉強しました。そして翌年から印刷以外のすべてを手作りで広報紙を作るようになったのですが、これには理由があります。

2011年の広報みよしは2色刷り。住民に興味を持ってもらうためにはカラーにしたい。一方、財政は厳しくカラーにすることは難しい。であれば自作すれば委託せずに済むので予算は削減でき、カラーで印刷できます。

できないと思い込んではいけません。できる方法を考え、行動することが重要です。

POINT

できる方法を考え、努力を惜しまない

PART-6
14

結局、たのしごと。

クレーム対応も楽しいと思えるように

広報みよしを改革した時、「広報は雑誌じゃない」「おしゃれにする必要もない」「文字が小さいから大きくしろ」などたくさんのご意見をいただきました。

最初から激高している場合が多いのですが、私は対応している時に常に「怒っているこの人から、最後には「ありがとう」と言ってもらいたい」と考えていました。

どうしたら冷静になってもらい、こちらの説明を聞いてもらい、内容を理解してもらえるのかを分析し、相手に寄り添った対応をすると、ほとんどの人は最後に「ありがとう。悪かったね」「住民のため、まちのために変えたんだとわかった。これから頑張ってくださいね」と言ってくれました。

クレーム対応は試合《ゲーム》です。理解してもらい、感謝されるというミッションがあり、その目的を完遂するために、いろいろな知識や経験を駆使し、話すスピードなどをコントロールするのです。試合だと思うと、クレーム対応が楽しくなるのです。

好キルアップで楽しく仕事

仕事を「楽しい」と思うには、まず、その仕事を「好きになる、楽しく思う」ことが大切です。結論、これが**公務員に一番必要な能力（スキル）**です。「好き」を「好キル」に、仕事を「たのしごと」に置き換えて、住民サービスを向上させていきませんか。

POINT

仕事を楽しいと思う好キルを育てる

COLUMN 6

公務員のムダあるある⑥　公務員は副業できない？

公務員は稼いではいけない！というイメージが強いですが、最近は兵庫県神戸市や奈良県生駒市では条件付きでの副業を許可しています。例えば、地域のスポーツチームのコーチをした時の報酬を受け取っても構わない、という具合です。

また、不動産や農業で所得がある公務員もいます。私自身も著書を出版することで印税をいただいていますが（収益の一部を三芳町と赤十字に寄附しています）、町に営利企業等従事許可願を申請し、承諾を得ています。もちろん確定申告もします。

つまり、しっかりルールに基づき申請をして承認されれば副業はできるのです。ポイントは、副業したことが地域やまち、仕事にしっかりと還元できるかということです。

私の場合は、著書を出すことにより「埼玉県三芳町」を一人でも多く知っていただくためのＰＲの１つと捉えていること、自分自身の文章力、表現力、全国の公務員との交流による多角的な視野を持つこと、三芳町への寄付・納税によるまちへの還元という目的があります。「お金を稼ぐために副業」ではなく、自分の知見を広げて、まちにしっかり還元することが目的であれば、許可をいただけるはずです。

おわりに

本書の仕事術は、いろんな人との出会いから学びました。住民の皆さん、三芳町職員、全国の公務員仲間、アップフロントの皆さん、民間出向を受け入れてくださった株式会社モリサワの皆さん――。大した人間でもない私を皆さんが成長させてくださいました。

仕事術をたくさん提示しましたが、一番大切なのは自分の勤めるまちをどれだけ愛して、誇りを持つことができるのかだと思います。まちのファンを増やしたい、もっと知ってほしい、好きになってほしいという思いがあるから、出会いの機会を自らつくり、全国を駆け巡ることで、自分を研磨してきました。私たち公務員は誰のために、何のために仕事をしているのかを理解し、自分の役割や存在意義を知ることが本質であり、とても重要なポイントではないでしょうか。

公務員の「まちへの想い」「日本への想い」は、ＩＴやＡＩといった機械では置き換えることができないものです。この想いがたくさん集まることができたら――。そんな日本の未来を皆さんと一緒に創っていきたいと思います。

２０１９年８月　佐久間　智之

●著者紹介　**佐久間 智之**（さくま ともゆき）

埼玉県三芳町役場職員、広報・プロモーション担当。メディア・ユニバーサルデザイン・アドバイザー。1976年東京都板橋区生まれ。2002年入庁。税務課、健康増進課を経て現職。三芳町で男性初の育児休暇取得し、２児誕生の際、それぞれ３か月育休。

2018年６月から約１年間、株式会社モリサワに民間出向。独学で印刷以外すべて一人で広報紙「広報みよし」を作り、全国広報コンクールで日本一の内閣総理大臣賞受賞。予算ゼロ円でプロモーションも担当し、ハロプロとのコラボを仕掛ける。Yahoo! トップニュースになるなど、パブリシティ戦略の評価も高い。講演多数。主な著書に『パッと伝わる！ 公務員のデザイン術』『すぐに使える！ 公務員のデザイン大全』（ともに学陽書房）。Juice = Juiceのリーダーで三芳町広報大使の金澤朋子さんの大ファン。

講演依頼・問い合わせは、メールまたはSNSのメッセージでお寄せください。

メール　t.sakuma1976@gmail.com

Facebook
https://www.facebook.com/tomoyuki.sakuma.3

Twitter
https://twitter.com/sakuma_tomoyuki

Instagram
https://www.instagram.com/sakuma_tomoyuki/

最強効率仕事術
公務員の速効ライフハック

2019年８月14日　初版発行

著　者　佐久間智之
発行者　佐久間重嘉
発行所　学陽書房
〒102-0072　東京都千代田区飯田橋 1-9-3
営業部／電話　03-3261-1111　FAX 03-5211-3300　編集部／電話　03-3261-1112
http://www.gakuyo.co.jp/　振替　00170-4-84240

ブックデザイン／スタジオダンク　印刷／精文堂印刷　製本／東京美術紙工

 ISBN 978-4-313-15101-7 C0034